DESARROLLO INDUSTRIAL DE SOFTWARE

Ejercicios 2019

TOMÁS A PÉREZ FERNANDEZ
ARANTZA IRASTORZA GOÑI

Table of Contents

© T. A. Pérez Fernández & A. Irastorza Goñi

1. EMF

A continuación, se presentan varios dominios susceptibles de ser modelados mediante metamodelados. La estructura de todos los ejercicios tiene tres partes: *(1) metamodelado, (2) implementación* y *(3) creación de un modelo.*

En la parte de **metamodelado** se pide crear dentro del contexto del dominio correspondiente, un metamodelo que pueda describir dicho dominio, sus elementos, sus relaciones y sus restricciones. El resultado esperado es un diagrama que refleja las metaclases con sus atributos y las asociaciones que hay entre ellas.

La parte de **implementación** consiste en crear un proyecto usando EMF en el que se expresen todas las metaclases del metamodelo, incluyendo los atributos y las asociaciones que hay entre ellas. En las asociaciones es importante especificar si son de agregación y si tienen alguna relación opuesta. El resultado debe ser un **fichero .ecore** con el metamodelo completo y **el diagrama asociado** que genera Eclipse para representar el metamodelo.

La parte de **creación del modelo** consiste en representar una situación posible, que se pueda producir en el dominio correspondiente. Y el resultado sería la representación de dicha situación utilizando Eclipse y el metamodelo. En algunos casos se ofrece un ejemplo de modelo, y en otros se deja a criterio del estudiante pensar en un ejemplo propio.

1.1   Primary School

Una escuela de educación primaria se basa en tres pilares que siempre deben existir: los **cursos** que se imparten, el **personal** y los **alumnos**. Los cursos enumeran cada uno de los cursos que se imparten en esa escuela (por ejemplo, 1° de primaria, 2°, 3°, etc.). Los cursos están organizados en varios grupos (mínimo 1). Y a cada grupo siempre se le asigna un profesor como **tutor** del grupo y a dos miembros más del personal como **asistentes**. Los alumnos se agrupan según la familia a la que pertenezcan y se ordenan de mayor a menor según su año de nacimiento.

Así *Samaniego Herri Ikastetxea* de *Tolosa* tiene *3* cursos de *enseñanza infantil* (1°, 2° y 3°) que acogen a los niños nacidos en *2010, 2009* y *2008* respectivamente. Cada grupo tiene *9* alumnos como máximo. El curso de 1° tiene dos grupos: A y B, uno con 9 y el otro con 6 alumnos. Entre el personal del centro hay 12 personas *Lourdes, Mikel, Ana, Begoña, Lierni, Idoia, Irene, Joseba, Jesús, Axun, Marijose y Alfredo*. Los cuatro primeros son profesores y tutores de los grupos 1A, 1B, 2A y 3A, respectivamente. El resto son los asistentes asignados (de dos en dos) a los mismos grupos. Por abreviar, entre los alumnos se presentan cuatro familias representativas: la familia *Etxeoneta* que tiene a *Eduardo* (2010, 1A), *Estrella* (2010, 1B) y *Estibaliz* (2009, 2A); la familia *Berrietxea* con *Baraxil* (2010, 1A), *Beñat* (2009, 2A) y *Bertol* (2009, 2A); la familia *Aurtenetxe*, con *Aurken* (1A, 2010), *Aintza* (1A, 2010) y *Ainhoa* (1A, 2010), *Amaia* (1A, 2010); y la familia *Dulantzinea* con *Deunoro* (1A, 2010), *Diego* (1A, 2010) y *Diana* (1A, 2010).

1.2   Cities & Utilities

Sea un dominio con poblaciones *(Town)* y ciudades *(City)* de diferentes regiones *(Region)* y empresas públicas *(Utility)* radicadas en dichas ciudades. Así, una región puede tener un número indeterminado de empresas públicas y de poblaciones. Sólo las ciudades son las poblaciones que pueden tener empresas públicas radicadas (hasta un máximo de tres). A continuación, se incluye el metamodelo que describe el dominio anterior:

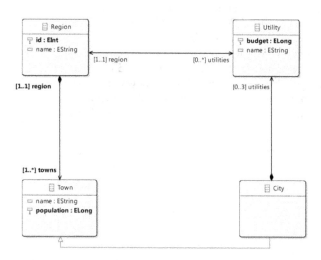

El modelo a representar sería el presentado en el siguiente gráfico:

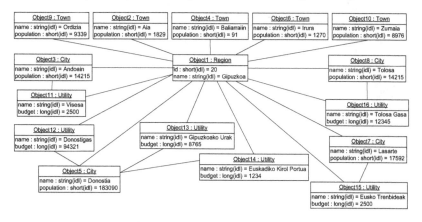

Y la representación textual del modelo es la siguiente:

```
{1:Region id=20 towns={2, 3, 4, 5, 6, 7, 8, 9, 10} name='Gipuzkoa' utilities={11, 12,
13, 14, 15, 16}}
{2:Town name='Aia' Population=1829 region=1}
{3:City name='Andoain' Population=14215 utilities={11} region=1}
{4:Town name='Baliarrain' Populatio= 91 region=1}
{5:City name='Donostia' Population=183090 utilities={12, 13, 14} region=1}
{6:Town name='Irura' Population=1270 region=1}
{7:City name='Lasarte' Population=17592 utilities={15} region=1}
{8:City name='Tolosa' Population=14215 utilities={16} region=1}
{9:Town name='Ordizia' Population=9339 region=1}
{10:Town name='Zumaia' Population=8976 region=1}
{11:Utility name='Visesa' budget=2500 region=1 city=3}
{12:Utility name='Donostigas' budget=94321 region=1 city=5}
{13:Utility name='Gipuzkoako Urak' budget=8765 region=1 city=5}
{14:Utility name='Euskadiko Kirol Portua' budget=1234 region=1 city=5}
{15:Utility name='Eusko trenbideak' budget=2500 region=1 city=7}
{16:Utility name='Tolosa Gasa' budget=12345 region=1 city=8}
```

1.3 Application Programming Interface (API)

En la web se puede encontrar información sobre diversas API's (a continuación, se muestra un ejemplo de la API *last.fm*). Cada sitio web, aunque utiliza su propio formato, incluye información bastante similar, básicamente, una lista de servicios o métodos, que por facilitar la lectura se agrupan en función de algún criterio. De un método se describe información detallada como: su nombre, descripción general, descripción de sus parámetros (con su nombre, tipo, si es obligatorio o no, etc.), el tipo de la respuesta, un ejemplo con la estructura de una posible respuesta, descripción de posibles errores que se pueden producir durante la ejecución del método, si el usuario debe estar autenticado para ejecutar el método, si el método tiene algún límite para su ejecución (p.e. no más de 5 llamadas al día), etc.

Last.fm Web Services

The Last.fm API allows anyone to build their own programs using Last.fm data, whether they're on the web, the desktop or mobile devices. Find out more about how you can start exploring **the social music playground** or just browse the list of methods below.

API Methods

Album

Album.addTags
Album.getBuylinks
Album.getInfo
Album.getShouts
Album.getTags
Album.getTopTags
Album.removeTag
Album.search
Album.share

Artist

Artist.addTags
Artist.getCorrection

Geo

Geo.getEvents
Geo.getMetroArtistChart
Geo.getMetroHypeArtistChart
Geo.getMetroHypeTrackChart
Geo.getMetroTrackChart
Geo.getMetroUniqueArtistChart
Geo.getMetroUniqueTrackChart
Geo.getMetroWeeklyChartlist
Geo.getMetros
Geo.getTopArtists
Geo.getTopTracks

Group

album.addTags

Tag an album using a list of user supplied tags.

Params

artist (Required) : The artist name
album (Required) : The album name
tags (Required) : A comma delimited list of user supplied tags to apply to this album. Accepts a ma
10 tags.
api_key (Required) : A Last.fm API key.
api_sig (Required) : A Last.fm method signature. See authentication for more information.
sk (Required) : A session key generated by authenticating a user via the authentication protocol.

Auth

This service requires authentication. Please see our authentication how-to.
This is a **write** service and must be accessed with an HTTP POST request. All parameters should be
POST body, including the 'method' parameter. See rest requests for more information.

Sample Response

```
<lfm status="ok">
</lfm>
```

Errors

2 : Invalid service - This service does not exist
3 : Invalid Method - No method with that name in this package
4 : Authentication Failed - You do not have permissions to access the service
5 : Invalid format - This service doesn't exist in that format
26 : Suspended API key - Access for your account has been suspended, please contact Last.fm
29 : Rate limit exceeded - Your IP has made too many requests in a short period

1.4   Build Tool[1]

Para realizar la construcción (compilación y ensamblaje) de un proyecto de software se realizan una serie de tareas repetitivas. Las denominadas **herramientas de 'build'** (por ejemplo, **Ant**) permiten componer procesos de 'build' por medio de la descripción de varias tareas, automatizando así complicadas tareas repetitivas. A continuación, se describen algunas de las características de *Ant*, en algunos casos se simplificará para no extendernos en exceso.

Un proceso (también llamado proyecto) de *Ant* se describe utilizando un fichero *xml* (este aspecto no nos interesa en este ejercicio) y se compone de varias tareas (p.e. compilación de ficheros, copia de ficheros, ejecución, compresión, etc.). Para modularizar la descripción del proceso, las tareas que tengan un objetivo común o que se deban ejecutar a la vez se agrupan en módulos que *Ant* denomina '*target*'. Es decir, un *target* es una colección de tareas que se van a ejecutar como una unidad. En la descripción de un proceso o proyecto, además de los *targets*, se incluirá su nombre. Los *targets* también se identificarán por su nombre, y además podrían tener una breve descripción textual y un atributo indicando si existe relación de dependencia con otros targets. Las tareas (*tasks*) que *Ant* ofrece como predefinidas pueden tener diferentes atributos de descripción dependiendo de su cometido, indicamos algunas de ellas:

- *Copy*: copia un fichero a otro nuevo fichero o directorio. En la descripción se necesita el nombre del fichero a copiar y además, o el nuevo nombre (el nuevo fichero se crea en el mismo directorio de origen) o el directorio (el nuevo fichero mantiene el nombre y se ubica en otro directorio).

- *Delete*: borra un fichero o un directorio (con su contenido). En la descripción se debe indicar el nombre del fichero o el nombre del directorio.

---

[1] Sources:

   http://www.tutorialspoint.com/ant/ant_quick_guide.htm
   http://ant.apache.org/manual/

- *Echo*: imprime un mensaje en el dispositivo de salida (la consola, por defecto). En la descripción se debe indicar el texto del mensaje y el nombre del fichero (donde se escribirá el mensaje, en vez de en la consola).

- *Exec*: ejecuta un comando del sistema. En la descripción hay que indicar el nombre del comando y el nombre del fichero que recogerá la salida/resultado de la ejecución.

- *Javac*: compila un conjunto de ficheros Java. En la descripción hay que indicar el nombre del directorio origen, que incluirá los ficheros fuente, el nombre del directorio destino, que incluirá los ficheros *class* creados, y el *classpath* a utilizar.

- *Jar*: agrupa y comprime un conjunto de ficheros. En la descripción se debe indicar el nombre del directorio origen, que incluirá todos los ficheros a comprimir, y el nombre del fichero de tipo *jar* a crear.

- *Mkdir*: crea un nuevo directorio. En la descripción hay que indicar el nombre de dicho directorio.

Para simplificar la escritura de proyectos, *Ant* permite la descripción de propiedades (*property*). Estas propiedades, que se describen con un nombre y un valor se pueden utilizar/referenciar dentro de la descripción de las tareas.

A continuación, se muestra un <u>ejemplo de un proceso o proyecto *Ant*</u>. (nota: El texto indicado en un tono más difuminado son comentarios para aclarar lo que se hace en cada tarea que; no hace falta tenerlos en cuenta).

```xml
<project name="MyProject" default="dist" basedir=".">
  <description> simple example build file </description>
  <!-- set global properties for this build -->
  <property name="src"   value="src"/>
  <property name="build" value="build"/>
  <property name="dist"  value="dist"/>

  <target name="init">
  <!-- Create the build directory structure used by compile -->
    <mkdir dir="${build}"/>
  </target>

  <target name="compile" depends="init" description="compile
the source " >
  <!-- Compile the java code from ${src} into ${build} -->
    <javac srcdir="${src}" destdir="${build}"/>
  </target>

  <target name="dist" depends="compile"  description="generate
the distribution" >
  <!-- Create the distribution directory -->
    <mkdir dir="${dist}/lib"/>
  <!-- Put everything in ${build} into the MyProject-${DSTAMP}.jar file -->
    <jar destfile="${dist}/lib/MyProject-${DSTAMP}.jar"
basedir="${build}"/>
  </target>

  <target name="clean"    description="clean up" >
  <!-- Delete the ${build} and ${dist} directory trees -->
    <delete dir="${build}"/>
    <delete dir="${dist}"/>
  </target>
</project>
```

1.5   CRUD ApplicationWebforms

Una aplicación web CRUD (*create*, *read*, *update*, *delete*) incluye varios formularios para hacer búsquedas, ediciones, borrados, etc. de ciertos datos de bases de datos. En la siguiente figura se muestra el ejemplo de un formulario. Como se puede observar un formulario puede tener varios paneles (*panels*) y un detalle de panel (*panel-detail*).

Un **panel** se describe con un número identificador interno, un icono (que se muestra cuando se minimiza el panel) y una etiqueta (que es el título que se muestra en la barra del panel), con una clase css (que describe las características de la presentación del panel; si no se incluye un valor o clase específica, se aplicará la definida para la aplicación web), y la anchura (qué porcentaje del total de la anchura del formulario ocupa). Como se ve en la figura, el panel además tendrá varios campos (*fields*). Un campo se describe con la etiqueta que se va a mostrar y la columna de la base de datos con la que se rellenará su dato, también la expresión regular que se puede usar para validar el dato introducido, los valores máximo y mínimo permitidos y el máximo número de caracteres permitido en el campo.

Para organizar los paneles, éstos pueden ser estructurados en **pestañas** (*tabs*), así una pestaña puede tener varios paneles. Los elementos descriptivos de las pestañas son los mismos que los de los paneles (excepto el número identificador).

En cuanto al **detalle de panel**, es un elemento que sirve para mostrar más detalles de alguno de los datos mostrados en uno de los paneles. Un detalle de panel tiene los mismos elementos que un panel (excepto el número identificador), pero además se describe con el nombre de una tabla de la base de datos (de la que se obtendrán los datos), la columna clave primaria de esta tabla, el número máximo de filas a mostrar en el formulario, y también hace referencia a un panel (al panel del que da detalles).

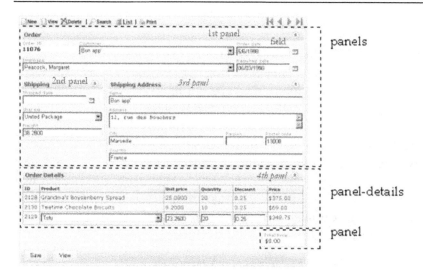

panels

panel-details

panel

Además, aunque en la figura no se vea, un formulario tiene un elemento **data** que recoge la descripción de la fuente de los datos a mostrar, que será una tabla de la base de datos. Concretamente, *data* describirá el nombre de la tabla, el nombre de su clave primaria, la expresión a incluir en la cláusula 'where' de la consulta, la lista de columnas que se utilizarán para ordenar el resultado (lo que se incluiría en la cláusula 'order by' de la consulta).

1.6   Simplified Entity-Relationship

El modelo Entidad/Relación simplificado para el diseño de bases de datos. En este dominio tenemos *entidades, entidades débiles relaciones,* y *atributos*. Un modelo contiene al menos dos entidades. Las **entidades** se describen por su nombre y tienen asociados un conjunto de al menos 1 atributo. La *clave primaria* es uno de los atributos de una entidad. Las **entidades débiles** son aquellas entidades que no tienen clave primaria. Las **relaciones** muestran únicamente asociaciones entre dos entidades. Cada relación tiene un nombre (único) que las identifica y asocia dos entidades (incluso una entidad consigo misma). Cada extremo de una relación tiene una cardinalidad mínima y máxima. Cada **atributo** tiene un nombre y un tipo de datos.

En el siguiente diagrama se representa un modelo E/R.

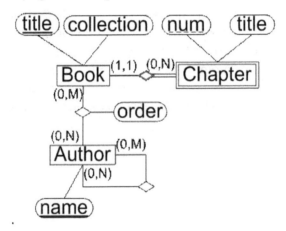

1.7   Menus

Define un metamodelo que describa las ***interfaces gráficas de aplicaciones con menús***, siguiendo las características que se especifican a continuación (simplificada y/o extendida sobre la propuesta real de Java).

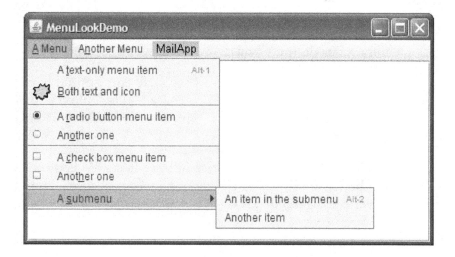

Como se ve en la figura, la *interfaz gráfica de una aplicación con menús* puede contener muchos tipos de elementos.

- Como la aplicación puede tener muchas opciones éstas se suelen organizar en submenús y utilizando una barra en la parte superior de la ventana.

- En esta denominada *barra de menús* se recogen los títulos de los submenús (en el ejemplo "*A menu*" y "*Another Menu*") (sobre "*MailApp*" se comenta más adelante). La barra de menú se configurará con un color de fondo.

- Esos submenús pueden tener diferentes ítems, de tipo check, radio-button o simple, todos ellos tendrán un texto (p.e. en la figura hay un ítem simple con texto "*A text-only menu item*", y uno de tipo check con texto ("*Another one*"). El de tipo simple además puede mostrarse con un icono (en el ejemplo, el que tiene el texto "*Both text and icon*").

- Esos submenús también podrían tener otros submenús (con más ítems de diferente tipo), es el ejemplo de la figura, que el submenú *"A menú"* tiene un submenú que se despliega con más opciones. Sin embargo, los ítems no pueden contener otros submenús.

- Como los ítems de los submenús a veces son muchos, éstos pueden tener un elemento separador que se mostrará con diferente color, estilo y tamaño dependiendo de la decisión del diseñador. En el ejemplo hay 3 separadores con una línea continua fina de 1pt. y azul.

- El texto de los ítems se podrá configurar con tipo de letra y tamaño, y además los ítems de tipo check o radio-button podrán configurar el tamaño de sus símbolos (cuadrado y círculo, respectivamente).

- Cuando en la aplicación se seleccionan los ítems (de tipo check, radio-button o simple) se ejecuta una funcionalidad que tendrá que ver con alguno de los casos de uso detectados en la fase de análisis.

- Como parte de la descripción de la interfaz gráfica se registran todos los casos de uso que se contemplan o que se pueden ejecutar con la aplicación, incluyendo su nombre y descripción y también información sobre qué ítems (de tipo check, radio-button o simple) son los que ofrecen la posibilidad de ejecutar dichos casos de uso.

- Las barras de menú también pueden tener opciones especiales que se utilizan para incluir conexiones directas con otras aplicaciones. En la figura del ejemplo está *"MailApp"* que indica que clickando ahí se abrirá una aplicación de correo electrónico. En la configuración de la interfaz se tendrá que indicar cuál es el nombre que aparecerá en la barra (con su color, tipo y tamaño de letra, que en el ejemplo se ve que puede ser diferente a la del resto) y la descripción de la aplicación relacionada.

1.8 Museums

Crea el metamodelo de la figura usando EMF de manera que se representen todas las clases de la figura, incluyendo los atributos y las asociaciones que hay entre ellas, indicando si son de composición o no. El resultado debe ser un <u>proyecto EMF</u> que incluya (1) un **fichero .ecore** con el metamodelo completo <u>(sin modificar)</u>; (2) **el diagrama asociado** al fichero .ecore que genera eclipse para representar el metamodelo anterior; y (3) **los ficheros con la representación de los dos modelos** que aparecen más abajo validados y conformes al metamodelo.

Casos especiales: si los dos modelos se pueden representar en un fichero, entonces se creará un único fichero. Si un modelo no se puede validar o no se puede representar, se incluirá un fichero de texto explicando (y explicar no es copiar el mensaje de error que se produce) las causas que lo impiden.

MODELO 1: Museo ***Louvre Museum***, de *Paris*, abierto en *1793*. Que tiene obras de *Leonardo Da Vinci, Jacques Louis David* y *Veronese*, todos ellos *pintores (painting)*, aunque Leonardo además es *escultor (sculpture)*. Las obras que contiene el museo son: *"Portrait of Lisa Gherardini"* (La Gioconda, obra de Leonardo), *"Aphrodite"* (más conocida como la Venus de Milo, obra anónima), *"The Wedding Feast at Cana"* (las bodas de Caná, de Veronese), *"The Coronation of the Emperor Napoleon I"* (la coronación de Napoleón, de Jacques Louis David), *"The Winged Victory of Samothrace"* (la victoria de Samotracia, obra anónima) y *"Juliette"* de Jacques Louis David.

MODELO 2: En *Amsterdam* se encuentran el ***Rijksmuseum*** y el ***Diamond Museum***, abiertos en *1878* y *1990*, respectivamente. El primero tiene obras de los *pintores (painting)* *"Rembrandt"* y *"Van Gogh"*, del *escultor* (sculpture) *"Gerrit Hutte"* y del *tapicero (upholstery)* *"Pieter van Dijck"*. Entre las obras del Rijksmuseum se encuentran sendos *"self portrait"* (autorretratos), uno de Van Gogh y otro de Rembrandt; la *"Stadtholder's chair"* (la silla del alcalde) obra conjunta de Gerrit Hutte y Pieter van Dijck, así como *"Sunflowers"* y *"The Kiss"*, ambos de Van Gogh. Entre las obras que se muestran en el Diamond Museum están *"The Pink panther"*, obra de autor desconocido; *"Hortensia Diamond"* tallado por *"Van Der Meere"*, artista *joyero (jewelry)*; *"Tiffany's Yellow Diamond"* tallado por *"Schultz"*, joyero y trabajador de la famosa joyería; y finalmente *"The Aurora Pyramid of Hope"*, de autor desconocido.

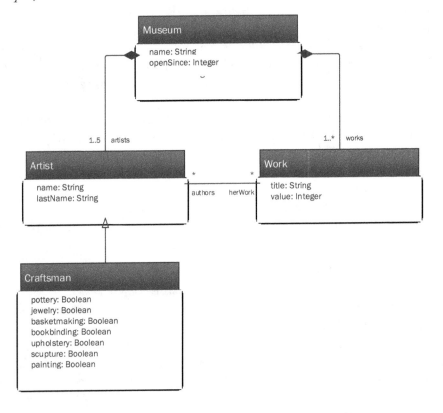

1.9 Political Systems

1.9.1 Political System One

Define un metamodelo para el ***dominio del sistema político***, teniendo en cuenta la siguiente descripción.

Los estados tienes diferentes formas de organizarse políticamente, pero simplificando y fijándonos en lo más cercano podemos decir que un estado está organizado en regiones que se distinguen por su nombre, superficie, número de habitantes e idioma(s) oficiales. Las regiones acogen diferentes poblaciones, que se concretan por su nombre, superficie y número de habitantes. Dentro de un estado encontramos diferentes organizaciones políticas e instituciones políticas. Estas organizaciones son los entes que sirven para agrupar a las personas que luego serán candidatos a ocupar cargos públicos en las diferentes instituciones a gobernar.

Son instituciones las denominadas *gobierno estatal, gobierno autonómico de la comunidad autónoma de XXX, congreso, senado, parlamento autonómico de la comunidad de YYY, diputación de ZZZ y ayuntamiento de AAA*. Todas las instituciones a nivel estatal, regional y municipal tienen su nombre oficial y su dirección (tanto postal como en la web). Se hace necesario controlar los cargos públicos de una institución, que son un subconjunto de los políticos que se presentaron para dirigirla (los que salieron elegidos).

Según la *Ley de Partidos Políticos*, las organizaciones políticas pueden ser partidos políticos, federaciones políticas y agrupaciones de electores. La diferencia entre un partido y una federación radica en sus estatutos de constitución. Las agrupaciones de electores, en cambio, se constituyen con el aval de un número variable de firmas de electores y exclusivamente para poder presentar candidatura en un proceso electoral concreto. Dichos electores quedan registrados con su dni, nombre y direcciones de correo (postal y electrónico). Todas las organizaciones políticas se registrarán con su nombre completo, siglas, fecha de constitución y nombre del presidente y portavoz actuales. La ley también permite que las organizaciones políticas puedan establecer coaliciones entre ellas.

Aunque las organizaciones políticas, de cualquier tipo, están formadas por sus afiliados y simpatizantes, en este dominio este hecho no es de interés. Tan solo se considera relevante conocer aquellas personas que catalogaremos como *políticos,* que son las personas de la organización política que se han distinguido por participar activamente en política (asambleas, mítines, organización de eventos políticos, etc.) Tampoco es relevante cuál ha sido su actividad en la organización política. De los políticos surgen luego los cargos públicos electos que dirigen las instituciones previamente mencionadas. En el metamodelo se guardará información de los políticos que dirigen ahora las instituciones, guardando la fecha desde que lo hacen sabiendo que la *Ley de Incompatibilidades* impide que un político dirija más de una institución a la vez.

Como modo de comprobación, el metamodelo a construir debe poder reflejar (de alguna manera) cuáles son las instituciones de una región (las de la región propiamente dicha más las de las ciudades de esa región), los cargos electos una institución, los electores que avalan a los cargos electos de una agrupación de electores que gobierna en una institución, las organizaciones políticas de ese estado. Las organizaciones políticas que han sido elegidos para gobernar en un ayuntamiento...

1.9.2   Political System Two

Define un metamodelo para el ***dominio del sistema político***, teniendo en cuenta la siguiente descripción.

Se quiere construir un metamodelo para representar un registro de todos los ayuntamientos. Cada ayuntamiento se asocia a una población con su nombre y su número de habitantes. Dependiendo del número de habitantes, cada población tiene un número de concejales asignado y un sueldo máximo para sus trabajadores.

Dentro de cada ayuntamiento hay una serie de trabajadores que se reparten entre los *concejales electos, funcionarios* y *personal contratado*. La ley de Régimen local establece que habrá, como mínimo 3 concejales, uno de los cuales debe ser designado como alcalde.

Los **trabajadores** de un ayuntamiento son *funcionarios* o *personal temporal*. Todos ellos tienen un salario y una fecha de inicio de la actividad. Solo los segundos tienen una fecha prevista de finalización de la misma. Entre los segundos se consideran los *concejales electos,* el *personal contratado del ayuntamiento* y el *personal de asesoría.*

Los **concejales electos** son temporales. La fecha de inicio es la de las elecciones que les dieron el cargo y su fecha de fin es 4 años más tarde. Todo concejal pertenece a un partido político que viene identificado por su nombre y sus siglas.

El **personal contratado** son los técnicos que trabajan directamente para el ayuntamiento, como la técnico en urbanismo, el asistente social, etc.

Además, el **personal de asesoría** ofrece sus servicios indirectamente al ayuntamiento colaborando con un concejal concreto. Se denominan *asesores* y producen informes sobre temas de interés, únicamente al concejal que les contrata.

1.10 Execution tests for web sites

Define un metamodelo que describa las ***pruebas de ejecución (tests) realizadas sobre sitios web***, siguiendo las características que se especifican a continuación.

- Todos los tests sobre un sitio web los realiza un conjunto de usuarios autorizados y registrados previamente con su nombre, contraseña y categoría a la que pertenecen. Cada test es realizado por un único usuario.

- En los tests realizados se pueden probar varias páginas web (identificadas por su url), porque entre las acciones puede haber navegación de unas a otras, o porque se comprueben casos de uso que impliquen acciones en varias páginas. Cada test tendrá que ver con las páginas que le toque y cada página podrá ser probada por varios tests.

- La parte más importante de un test son las acciones realizadas por el usuario junto con el orden seguido, pero un usuario puede añadir comentarios y aserciones. Así, concretamente, en un test se recoge diferente tipo de información, como:

  o Comentarios variados de los usuarios, es decir, notas que se quieran recordar para próximas ejecuciones o para entender las operaciones incluidas en el test.

  o Acciones concretas realizadas sobre las páginas web. Las acciones se realizan sobre algunos de los elementos (identificados por su expresión *xpath*) contenidos en la página web y en un orden específico, por ejemplo, primero seguir un enlace, luego, insertar un texto en el campo *'nombre'* del formulario y finalmente hacer clic en el botón *'enviar'*, etc. Así, se deberá recoger de qué tipo es la acción realizada y en los casos en que haya un valor implicado (como el texto copiado o insertado), dicho valor.

  o Aserciones, que son expresiones booleanas relacionadas con una página web y que el usuario puede incluir para indicar, por ejemplo, condiciones que se deben cumplir antes de hacer clic en el botón *'enviar'* de un formulario. Con las aserciones únicamente se recoge la expresión formal en formato texto.

- Para identificar todas las informaciones de manera unívoca se utiliza un identificador general, y además otro identificador del caso específico, es decir, un identificador para identificar los comentarios, otro para las acciones y un tercero para las aserciones.

1.11 Exam tests

Crea el metamodelo de la figura usando EMF de manera que se representen todas las clases de la figura, incluyendo los atributos y las asociaciones que hay entre ellas, indicando si son de agregación o no. El resultado debe ser un proyecto EMF que incluya (1) un fichero *.ecore* con el metamodelo completo (sin modificar); (2) el diagrama (*.ecorediag*) asociado al fichero .ecore que genera eclipse para representar el metamodelo anterior; y (3) los ficheros con la representación de los dos modelos que aparecen más abajo validados y conformes al metamodelo. Nota: *Item* es una clase abstracta (el nombre está en cursiva).

Casos especiales: si los dos modelos se pueden representar en un fichero, entonces se creará un único fichero y se añadirá un segundo fichero de texto diciendo que se ha añadido el segundo modelo al primer modelo. Si un modelo no se puede validar o no se puede representar, se incluirá un fichero de texto explicando (y explicar no es copiar el mensaje de error que se produce) las causas que lo impiden.

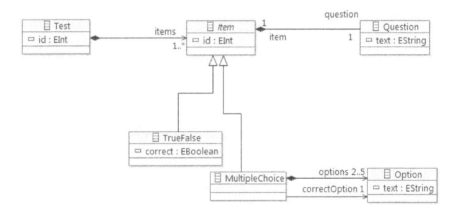

MODELO 1:

Test 1 - *Key: 1b; 2a; 3c; 4c*

1. Cervantes died in 1516.
True
False
2. I am studying to pass this subject.
True
False
3. 'PMI' in MDSE stands for:
a) Programming Modeling Interface
b) Private Mortgage Insurance
c) Platform Independent Model
d) Project Management Institute
e) Palma de Mallorca Island
4. How many modeling levels define OMG?
a) 2
b) 3
c) 4

MODELO 2:

Test 2 - *Key: 1d; 2b*

1. ASTs are used to represent:
a) Instances of a Class
b) Instances of a Metaclass
c) Instances of a Metametaclass
d) Instances of classes of some classes of a model at a higher level
e) attributes
f) methods
2. OCL can be used to describe constraints:
a) among classes
b) among class instances

1.12 Blogs

Define un metamodelo que describa un ***blog (log de la web)***, siguiendo las características que se especifican a continuación.

- Los blogs son una especie de cuadernos o diarios donde uno o varios usuarios escriben sus reflexiones, opiniones, consejos, etc. acerca de un tema de su interés. Por tanto, un blog se distingue por su título principal, la dirección url para localizarlo y una descripción de presentación.

- En un blog se escriben artículos (*post*) con cierta periodicidad, a veces diaria. Estos artículos tendrán su título, contenido y fecha de publicación, y además, una serie de palabras clave (*label*), para identificarlos correctamente y facilitar las búsquedas dentro del blog. Evidentemente, una misma palabra clave podrá identificar a varios artículos.

- Para facilitar la búsqueda de artículos en el blog, además de las palabras clave, también se utilizarán referencias entre ellos, porque un artículo puede estar relacionado con otros artículos del mismo blog.

- En el contenido de un artículo se pueden incluir diferentes direcciones url de webs externas. Para poder hacer un mejor seguimiento de esas url externas y detectar posibles errores por direcciones que ya no son accesibles, interesa saber exactamente cada artículo con qué urls se relaciona y cuándo fue la última vez que se accedió a ellas.

- Tanto la escritura de los artículos como la definición de las palabras clave queda en manos de los usuarios editores del blog, que, como se ha dicho, pueden ser uno o varios. Aunque en la realidad varias personas pueden colaborar en la escritura de un artículo, para una mejor identificación y evitar diluir responsabilidades, se registrará un solo usuario editor como autor de cada artículo. Con las palabras clave ocurrirá lo mismo, por cada una de ellas se registrará un solo editor.

- Además de los usuarios editores, un blog también tiene usuarios lectores, que no se registran a menos que quieran escribir un comentario. Los comentarios son opiniones que se añaden a los artículos o a otros comentarios de un artículo. De los comentarios se almacenará su contenido y autor, así como la fecha de registro.

- Los usuarios lectores y los editores pueden escribir sus comentarios de otros comentarios, normalmente respondiendo a alguna cuestión planteada en el otro comentario.

- Todos los usuarios, editores o lectores, se registrarán con un nombre, clave y fecha de registro. Los lectores además añadirán un apodo (*nickname*).

1.13 BPMN diagrams

Define un metamodelo que describa los *diagramas BPMN[2]*, es decir, la *representación gráfica del modelado de los procesos de negocio*, siguiendo las características que se especifican a continuación.

- Los diagramas de los modelos BPMN, se componen de un conjunto limitado de elementos gráficos: objetos de flujo, conexiones y artefactos. Los **objetos de flujo** son eventos (*event*), actividades (*activity*) y *gateways*; las **conexiones** son elementos que indican secuencia y flujo de mensajes; los **artefactos** (*artifact*) son objetos que representan datos.

- Los *eventos*, representados por un círculo, indican que 'algo' ha pasado. Hay de tres tipos dependiendo de en qué lugar de una secuencia se encuentren colocados: al comienzo (*start*) indican por dónde comienza un proceso, al final (*end*) indicarán la finalización de un proceso, los intermedios (*intermediate*) indican que algo ha sucedido entre los eventos de inicio y final.

- Las *actividades*, representadas por un rectángulo, indican un tipo de trabajo a realizar. Entre otras, actividades son las tareas (*task*), los procesos (*process*) y las transacciones (*transaction*). Las actividades pueden producir artefactos o necesitar ciertos artefactos para funcionar. La tarea es una unidad de trabajo que no puede ser subdividida en otros pasos; el proceso, con sus objetos de flujo, conexiones y artefactos, representa una serie de actividades incluidas en él, y en el diagrama se representa con un '+' en su rectángulo (para indicar que se puede expandir); y la transacción es una forma de subproceso donde todas sus actividades deben ser completadas para lograr un objetivo, y si alguno falla entonces deshacer. En el diagrama las transacciones se representan con una doble línea.

---

[2] *Business Process Model and Notation:*
https://en.wikipedia.org/wiki/Business_Process_Model_and_Notation
http://blog.goodelearning.com/bpmn/common-bpmn-modeling-mistakes-swimlanes

- Los *gateway*, representados por un rombo, indican que las actividades deben realizarse en paralelo, o que hay varias opciones en alternativa (or-exclusivo), o que hay algún tipo de sincronización compleja, o...

- Las *conexiones* conectan los objetos de flujo entre ellos. Las de secuencia (se representan con una flecha en línea continua) indican el orden en que se ejecutarán las actividades, las de flujo de mensaje (con una flecha en línea discontinua) indican datos que son necesarios o generados por actividades.

- Los *artefactos* se representan con un rectángulo con la esquina superior derecha doblada.

A continuación, se resumen los elementos descritos y su representación, y se proporcionan varios ejemplos de diagramas de modelos de negocio BPMN.

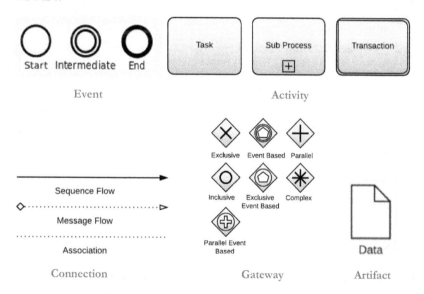

Resumen de la representación de los elementos en un diagrama BPMN.

En el esquema [1] se pueden ver eventos de inicio y de fin, y un par de ellos intermedios: *Delay 6 days from announcement* y *Wait until Thursday*. Todos los rectángulos representan las 6 tareas que incluye el proceso (no hay ni transacciones ni subprocesos). Las flechas son conexiones que indican secuencia y unen eventos con tareas, tareas con otras tareas (p.e. entre *Announce Issue for Discussion* y *Moderate E-mail Discussion*), tareas con gateways (p.e. entre *Check Calendar for Conference Call* y *Conference Call in Discussion Week?*). Pueden tener etiquetas asociadas (como *7 days*). Hay dos fuentes de datos, una llamada *Issue Voting List [0 to 5 issues]* que usa la tarea *Announce Issues for Discussion,* y otra llamada *Calendar* que usa la tarea *Check Calendar for Conference Call.* Estas flechas no son conexiones, son flujos de mensaje e indican datos requeridos por las tareas. En la figura hay 3 gateways, una (con un símbolo '+') de actividades en paralelo que espera a que terminen tres hilos de ejecución en paralelo. Las que no tienen ningún símbolo sirven para indicar que es un punto de unión de varios flujos de ejecución. En el diagrama también aparecen comentarios que no son de nuestro interés, sueltos o asociados a alguna tarea.

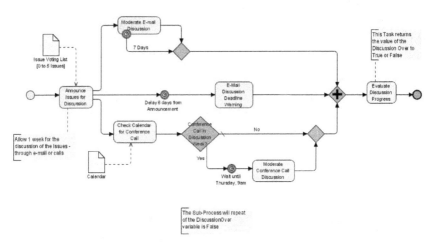

diagrama [1]

En el diagrama [2] hay varios flujos, por ejemplo, entre el proceso *DiscussionCycle* y el pool *VotingMembers*, entre la tarea *AnnounceIssues* y el pool *VotingMembers* y entre dicho pool y el proceso *CollectVotes*.

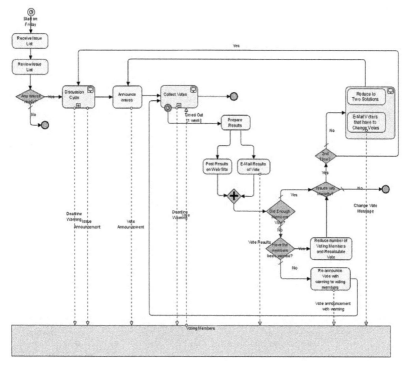

diagrama [2]

En el <u>diagrama [3]</u> hay un flujo de mensaje entre las actividades *task1* y *task3*, y entre *task4* y *task2*, y *PoolA* es un rol de usuario o pool.

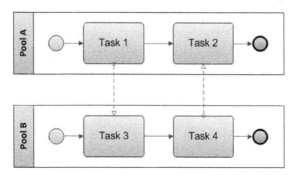

diagrama [3]

1.14 TV shows

Crea el metamodelo de la figura usando EMF de manera que se representen todas las clases de la figura, incluyendo los atributos y las asociaciones que hay entre ellas, indicando si son de agregación o no. El resultado debe ser un proyecto EMF que incluya (1) un fichero .ecore con el metamodelo completo (sin modificar); (2) el diagrama (.ecorediag) asociado al fichero .ecore que genera eclipse para representar el metamodelo anterior; y (3) los ficheros con la representación de los dos modelos que aparecen más abajo validados y conformes al metamodelo.

Nota: *Personal* es una clase abstracta (el nombre está en cursiva).

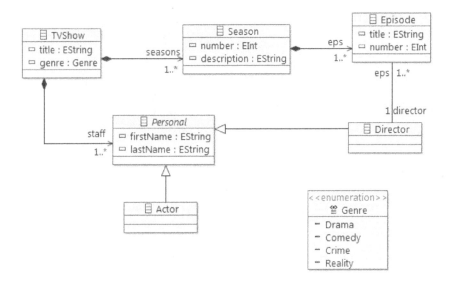

MODELO 1:

FARGO *(Drama)*
Actors: *Billy Bob Thornton; Allison Tolma; Jesse Plemons*
Directors:
       Adam Bernstein (Season1Episode1, S2E10); Colin Bucksey (S1E5, S1E6)
Season 1
Episode 1   (dir. *Adam Bernstein*) title: *The Crocodile's Dilemma*
Episode 5   (dir. *Colin Bucksey*) title: *The Six Ungraspables*
Episode 6   (dir. *Colin Bucksey*) title: *Buridan's Ass*
Season 2
Episode 10   (dir. *Adam Bernstein*) title: *Palindrome*

MODELO 2:

Breaking Bad *(Drama)*
Actors: *Bryan Cranston, Anna Gunn, Aaron Paul, Dean Norris*
Directors: *Vince Gilligan (S1E1, S1E2), Adam Bernstein (S1E2, S1E3)*
Season 1
Episode 1   (dir. *Vince Gilligan*) title: *Pilot*
Episode 2   (dir. *Vince Gilligan, Adam Bernstein*) title: *Cat's in the bag...*
Episode 3   (dir. *Adam Bernstein*) title: *...and the bag's in the river*

1.15 ASANA projects

Define un metamodelo que describa el **sistema de gestión de proyectos ASANA**[3], siguiendo las características que se especifican a continuación.

- En el sistema ASANA se gestionan múltiples *organizaciones* y *espacios de trabajo*, cada uno de ellos con su grupo de personas, proyectos y tareas.

- Cualquier persona puede registrarse en ASANA y crear una *cuenta* para adherirse a una o varias organizaciones y/o espacios de trabajo.

- Una *organización* conecta a todos los empleados, i.e. personas, de una compañía, basándose en el dominio de correo electrónico compartido por todos los empleados (cuentas) de la empresa. Para gestionar mejor los proyectos, dentro de la organización los empleados pueden separarse en equipos de trabajo, y cada equipo dirige sus proyectos. En cambio, un *espacio de trabajo* es una colección de personas que colaboran en proyectos, esas personas (sus cuentas) no tienen que tener el mismo dominio de correo electrónico, como sucede en el caso de la organización. El espacio de trabajo se utilizará para objetivos personales y por tanto no necesitará de más jerarquía, no habrá necesidad de definir equipos dentro del espacio de trabajo.

- Tanto en la organización como en el espacio de trabajo habrá dos tipos de participantes: *miembros* e *invitados*. Los primeros tendrán acceso total a todos los proyectos, tareas y conversaciones asociados a la organización/espacio de trabajo; en cambio, los invitados sólo podrán acceder a los que sean públicos.

- Tanto la organización como el espacio de trabajo es una forma de organizar los proyectos y tareas que hay que llevar a cabo. Un *proyecto*, con un nombre, será público o privado, estará asociado a una organización/espacio de trabajo y tendrá asignados una fecha

---

[3] *https://asana.com/guide/help/fundamentals/about-asana*

de finalización, una o varias tareas, y un conjunto de personas (y/o equipos). Una *tarea*, con un nombre, también será pública o privada, estará asociada a un proyecto y tendrá asignados una fecha de finalización, y un conjunto de personas (y/o equipos). Además la tarea indicará si está completa o no, y se le podrán asociar recursos (es decir, ficheros de trabajo) y personas miembros que no van a realizar la tarea pero por cualquier motivo están interesadas en saber cómo va la tarea (son seguidores de la tarea).

- Las *conversaciones* son elementos de los proyectos, para que sus miembros puedan realizar debates sobre un tema, publiquen anuncios, hagan lluvia de ideas, etc. etc. Una conversación tendrá un título, una descripción general y unos miembros participantes en la misma, también es posible que se le asignen recursos o ficheros de trabajo.

1.16 GIT version control system

Define un metamodelo que describa el ***sistema distribuido de gestión de código y de control de versiones GIT[4]***, siguiendo las características que se especifican a continuación.

- Un sistema de control de versiones es un sistema que registra cambios en los ficheros con los que trabaja un grupo de usuarios. La ventaja de *Git* es que el control se hace de manera distribuida en vez de centralizada como en SVN, por ejemplo. En esta descripción sólo se comentarán las operaciones de *Git* que son estrictamente necesarias para entender la gestión de repositorios.

- En un sistema *Git* puede haber varios usuarios, registrados con su nombre, cuenta de correo electrónico y fecha de registro, y varios repositorios de código, identificados con un nombre. Cada usuario podrá gestionar diferentes repositorios dependiendo de los proyectos en los que esté colaborando.

- En un *repositorio* se almacenarán ficheros con código fuente relacionados con un desarrollo de software. Pero para poder realizar el control de versiones adecuadamente, las diferentes versiones de los ficheros se organizarán en lo que *Git* denomina *version* (versión). Para una versión, entre otros, se guardarán un identificador interno, la fecha y hora, y un comentario que el usuario haya podido añadir a la hora de realizar la operación de *commit*.

- Un repositorio será gestionado por un único usuario. Pero cuando varios usuarios trabajen con el mismo material, los repositorios que contendrán dicho material tendrán que relacionarse.

- Para mejorar la eficiencia de la gestión de versiones, el material que se almacena es tanto ficheros como enlaces a ficheros. Cuando un usuario realiza una operación de *commit* en un repositorio, el sistema almacena los ficheros que se han modificado desde la última vez, y para los que no se han

---

[4] Descripción adaptada de los siguientes enlaces:
   https://www.tutorialspoint.com/git/index.htm
   https://git-scm.com/book/en/v2/

modificado, se almacena un enlace a los correspondientes ficheros (en la segunda figura adjunta, se indica con línea punteada los enlaces a ficheros y con línea continua los ficheros).

- Tanto con los ficheros como con los enlaces a ficheros se registra su nombre y su *checksum* (para el control de la integridad de los datos). Con los enlaces será necesario saber con qué fichero físico están relacionados.

- Una de las características más destacadas de *Git* son los *branch*. Un *branch* es una línea de desarrollo que el usuario quiere seguir, por ejemplo, para poder probar una nueva característica del software que se está desarrollando. Así, en un repositorio, en principio sólo habrá una línea de desarrollo (*branch*), luego, a medida que el usuario vaya trabajando, habrá diferentes versiones y en un momento dado, a partir del estado del código en ese momento, el usuario puede decidir crear una nueva línea (*branch*). Podrá seguir trabajando con las dos líneas y creando más versiones en cada una. En algún momento puede decidir realizar una operación de *merge* entre los *branch* para volver a tener una sola línea de desarrollo.

A continuación, se muestran un par de figuras que pueden ayudar a entender mejor la organización del código en *Git*.

Ejemplo 1

Ejemplo 2

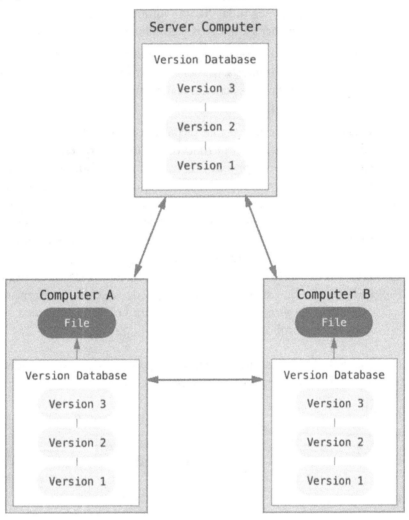

1.17 Flowcharts

Crea el metamodelo de la figura usando EMF de manera que se representen todas las clases de la figura, incluyendo los atributos y las asociaciones que hay entre ellas, indicando si son de agregación o no (tal cual, sin modificar nada). El resultado debe ser un proyecto EMF que incluya (1) un fichero .ecore con el metamodelo completo (sin modificar); (2) el diagrama (.ecorediag) asociado al fichero .ecore que genera eclipse para representar el metamodelo anterior; y (3) el fichero con la representación del modelo que aparece más abajo validado y conforme al metamodelo.

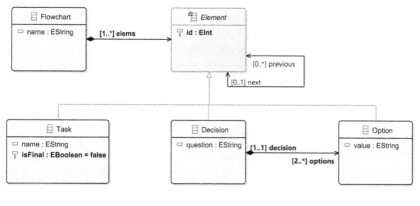

MODELO 1: *Problem-Worries*

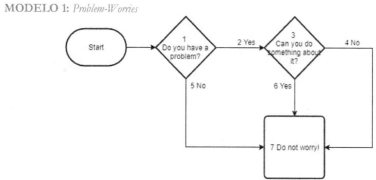

Fíjate que, en la figura, el elemento *Start* solo indica dónde comienza el diagrama de flujo, y no se representa en el metamodelo y que los elementos finales son los que no son origen de ninguna flecha. Así mismo, el elemento siguiente a una decisión son las *n* opciones asociadas.

Y luego, cada opción tiene un único elemento siguiente (*next*). Sin embargo, un mismo elemento puede tener varios antecesores (*previous*) ya que puede haber varias flechas que apunten hacia él (como el elemento 7).

2. ATL

2.1   Examples

Sean los siguientes metamodelos **ExampleOne** y **ExampleTwo**, respectivamente. Se quiere definir una transformación que por cada elemento A ó B del primero cree un elemento AB del segundo, copiando los valores de los atributos homónimos, y rellenando con un espacio blanco ("-") si no está el atributo.

A continuación, se muestra una transformación entre los dos modelos escrita en ATL de nombre *ExampleOne2ExampleTwo* que puede tener errores sintácticos y a la que le pueden faltar (y sobrar) algunos elementos, condiciones de matching o asignaciones. También es posible que haya operaciones sean incorrectas. Estudia la transformación anterior, y enumera los errores detectados y sugiere una corrección asociada.

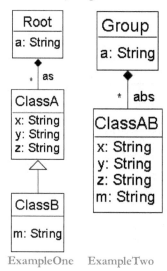

ExampleOne   ExampleTwo

```
module ExampleOne2ExampleTwo;
create outmodel: ExampleTwo from inmodel: ExampleOne;
rule root2group{
  from s: Root
  to   t: Group (
       resolveTemp(a2ab),
       resolveTemp(b2ab)     )
}

rule a2ab {
  from  s: A
  to   t: AB ( x <- s.x,
               y <-s.y ,
               z <- s.z ,
               m <- " ")
}

rule b2ab {
  from    s: B
  to   t: AB ( x <- s.x ,
               y <- s.y ,
               z <- s.z ,
               m <- s.m  )
}
```

© T. A. Pérez Fernández & A. Irastorza Goñi

2.2 Books

Sean los siguientes metamodelos *BooksOne* y *BooksTwo*, respectivamente.
BooksOne describe un conjunto de libros y sus autores, además a los
libros se les asocia la colección de capítulos de los que se componen y el
nombre de la colección a la que pertenecen (si es que estuvieran
integrados en alguna colección, si no, ese dato estaría vacío o indefinido).

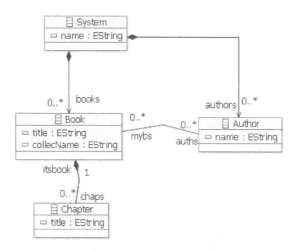

BooksOne

```xml
<?xml version="1.0" encoding="ASCII"?>
<example:System
xmi:version="2.0" .../metamodel/BooksOne.ecore">
   <books title="Hamlet" auths="//@authors.0">
      <chaps title="ActOne"/>
      <chaps title="ActTwo"/>
   </books>
   <books title="Nature" collecName="Britannica">
      <chaps title="Introduction"/>
   </books>
   <authors name="W. Shakespeare" mybs="//@books.0"/>
</example:System>
```

abookone.xmi

BooksTwo describe también un conjunto de libros, pero en este caso
hace una distinción explícita entre los libros que "son independientes"
(llamados *"Literary Work"* en el metamodelo) y los libros que forman
parte de una colección (en el metamodelo se define el concepto
"Encyclopedia" y las enciclopedias están compuestas por varios volúmenes,
concepto *"Volume"*).

Tanto los libros literarios como los volúmenes enciclopédicos están compuestos de capítulos, que en el primer caso se describen con el concepto *"Chapter"* y en el segundo *"Section"*.

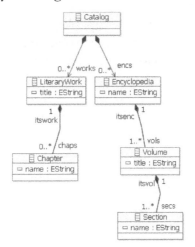

BooksTwo

```xml
<?xml version="1.0" encoding="ISO-8859-1"?>
<exampletwo:Catalog xmi:version="2.0"
xmlns:xmi="http://www.omg.org/XMI"
xmlns:exampletwo="http://www.exam.es/">
  <works title="Hamlet">
     <chaps name="ActOne"/>
     <chaps name="ActTwo"/>
  </works>
  <encs name="Britannica">
     <vols title="Nature">
        <secs name="Introduction"/>
     </vols>
  </encs> </exampletwo:Catalog>
```

abooktwo.xmi

2.2.1   Transformation *BooksOne2BooksTwo*

Se quiere definir una transformación de *BooksOne* a *BooksTwo*, de forma que por cada libro de *BooksOne* genere un trabajo literario (*Literary Work*) o un volumen enciclopédico (*Volume*, con su enciclopedia), dependiendo de si está integrado en una colección. Además, también se generarán los capítulos correspondientes. En la introducción se muestra un ejemplo de modelo *BooksOne* y su modelo *BooksTwo* correspondiente (*abookone* y *abooktwo*, respectivamente).

A continuación, se muestra la transformación escrita en ATL de nombre *BooksOne2BooksTwo* que puede tener errores sintácticos y a la que le pueden faltar (y/o sobrar) algunos *elementos, condiciones de matching* o *asignaciones.* También es posible que haya *operaciones incorrectas.* Estudia la transformación, y enumera los errores detectados y sugiere una corrección asociada.

```
-- @path booksOneMM=/booksexam/metamodel/BooksOne.ecore
-- @path booksTwoMM=/booksexam/metamodel/BooksTwo.ecore
module BooksOne2BooksTwo;

create OUT : booksTwoMM from IN : booksOneMM;

-- ***************** HELPERS ******************
-- ************************************************
-- This function returns the list of 'collection names'
-- (i.e. encyclopaedia names). These names are
-- collected from all 'Book' elements in the model.

helper def: getAllEncyclopedias: Set(String) =
  booksOneMM!Book.allInstances()
    ->select(e|not e.collecName.oclIsUndefined())
    ->collect(i|i.collecName)
    ->asSet();

-- ************************************************
-- **************** RULES *****************
-- ************************************************
rule System2Catalog {
from s : booksOneMM!System
to t : booksTwoMM!Catalog ( works <- s.books  )
do {
  for (i in thisModule.getAllEncyclopedias) {
    t.encs <- createEncyclopedia(i);
  }
 }
}
```

```
rule Book2Work {
from s : booksOneMM!Book
to t : booksTwoMM!LiteraryWork ( title <- s.title )
}
rule Book2Volume {
from s : booksOneMM!Book
to t : booksTwoMM!Volume ( title <- s.title )
}
rule Chapter2Chapter  {
from s : booksOneMM!Chapter
to t : booksTwoMM!Chapter ( name <- s.title )
}
rule Chapter2Section  {
from s : booksOneMM!Chapter
to t : booksTwoMM!Section ( name <- s.title )
}
rule createEncyclopedia (n: String){
to t : booksTwoMM!Encyclopedia (
  name <- n,
  vols <- booksOneMM!Book.allInstances()
    ->select(e|e.collecName = n)
  )
do {
    t;
  }
}
```

2.2.2   Transformation *BooksTwo2BooksOne*

Se quiere definir una transformación de *BooksTwo* a *BooksOne*, de forma que por cada obra literaria (*Literary Work*) de *BooksTwo* se genere un libro (*Book*) en *BooksOne*. Lo mismo debe ocurrir por cada volumen (*Volume*) de una enciclopedia. Además también se generarán los capítulos correspondientes, tanto a partir de capítulos de obras literarias como de secciones de volúmenes de enciclopedias.

```
<?xml version="1.0" encoding="ASCII"?>
<example:System xmi:version="2.0"
xmlns:xmi="http://www.omg.org/XMI"
xmlns:example="http://www.exam.es/">
<books title="Hamlet">
<chaps title="ActOne"/>
<chaps title="ActTwo"/>
</books>
<books title="Nature" collecName="Britannica">
<chaps title="Introduction"/>
</books>
...
</example:System>
```
abookone.xmi

```
<?xml version="1.0" encoding="ISO-8859-1"?>
<exampletwo:Catalog xmi:version="2.0"
.../metamodel/BooksTwo.ecore">
<works title="Hamlet">
<chaps name="ActOne"/>
<chaps name="ActTwo"/>
</works>
<encs name="Britannica">
<vols title="Nature">
<secs name="Introduction"/>
</vols>
</encs>
</exampletwo:Catalog>
```
abooktwo.xmi

A continuación, se muestra la transformación escrita en ATL de nombre *BooksTwo2BooksOne* que puede tener errores sintácticos y a la que le pueden faltar (y/o sobrar) algunos elementos, condiciones de matching o asignaciones. También es posible que haya operaciones incorrectas. Estudia la transformación, y enumera los errores detectados y sugiere una corrección asociada.

```
-- @path booksOneMM=/booksexam/metamodel/BooksOne.ecore
-- @path booksTwoMM=/booksexam/metamodel/BooksTwo.ecore
module BooksTwo2BooksOne;
create OUT : booksOneMM from IN : booksTwoMM;
rule Catalog2System {
    from s : booksTwoMM!Catalog
    to t : booksOneMM!System ([    ])
    do {[    ]}
}
rule Work2Book {
    from s : booksTwoMM!LiteraryWork
    to t : booksOneMM!Book ([    ])
}
rule Encyclopedia2Book {
    from s : booksTwoMM!Encyclopedia
    to t : booksOneMM!Book ([    ])
    do {[    ]}
}
rule Volume2Book {
    from s : booksTwoMM!Volume
    to t : booksOneMM!Book ([    ])
    do {[    ]}
}
rule Chapter2Chapter {
    from s : booksTwoMM!Chapter
    to t : booksOneMM!Chapter ([    ])
    do {[    ]}
}
rule Section2Chapter {
    from s : booksTwoMM!Section
    to t : booksOneMM!Chapter ([    ])
    do {[    ]}
}
```

2.3 Genealogies

Sean los metamodelos **country** y **genealogies**, cuyos diagramas aparecen en las figuras siguientes.

Country representa personas *(Person)* de un cierto país *(Country)* organizadas por ciudades *(City)*. Cada persona tiene referencia a sus ascendientes directos *(parents)*. Las personas casadas *(married)* están también asociadas a sus cónyuges *(marriedTo)* y sus descendientes directos *(children)*. Por simplificar, suponemos que las personas no-casadas no tienen hijos, que los matrimonios son entre un hombre y una mujer, y que sólo se registra un matrimonio por persona.

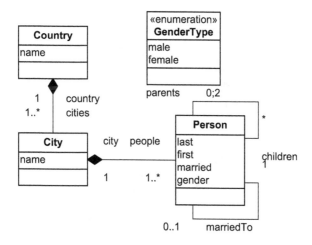

Genealogies representa una lista de nodos de árboles genealógicos *(trees)*. Las raíces de los árboles *(roots)* son personas solteras o parejas de las que no se tienen datos sobre sus antepasados. A partir de una pareja se podrá ir accediendo a sus descendientes, y a los descendientes de éstos, y así sucesivamente. Las hojas del árbol serán personas solteras o parejas sin hijos. Por simplificar, como descendientes directos de una pareja sólo se conservan los hijos solteros (de cualquier sexo) y la pareja formada por los hijos (varones) casados, es decir, las hijas casadas no pertenecen al árbol genealógico de sus padres sino al de los padres de su marido.

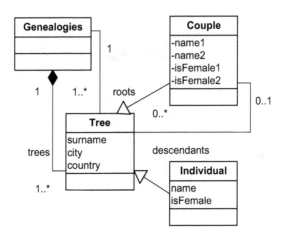

Todo nodo del árbol *(Tree)* tiene un apellido *(surname)* junto a la ciudad *(city)* y país *(country)* donde están radicados. Las personas solteras *(Individual)* tienen un nombre *(name)* y un valor booleano que nos indica si se trata de una mujer *(isFemale)*. Las parejas *(Couple)* conservan el apellido *(surname)* del hombre y la ciudad de arraigo de la mujer *(city, country)*. También conservan sus nombres de pila *(name1* y *name2)*. El sexo aparece indicado mediante los atributos booleanos *isFemale1* e *isFemale2*. Por convención los 1 se refieren al hombre y los 2 a la mujer.

2.3.1 Helper *getSinglesPlusMarriedMen()*

Construir una función *helper* (de nombre *getSinglesPlusMarried*) que, para un elemento de la metaclase *Country*, obtenga la lista de todas las personas que son solteras (hombres y mujeres) y los hombres casados. O, lo que es lo mismo, todos los hombres (casados o no) junto con las mujeres solteras.

2.3.2 Helper *getFather()*

Construir una función *helper* (de nombre *getFather*) que, para un elemento de la metaclase *Person*, obtenga su padre.

2.3.3 Transformation *Country2Genealogies*

Modificar la transformación *Country2Genealogies.atl* para que convierta modelos de *country* a *genealogies*. Dada una población de un país, se quieren obtener los árboles genealógicos que aparecen representados en un modelo de *country*. En la tabla siguiente se presenta un esquema de los elementos que hay que crear en el modelo de destino *(target)* a partir de los del de origen *(source)*.

Source	Target
Country	Genealogies
Country	--
City	--
Person	Individual (ezkongabea/soltero) Couple (ezkonduta/casado)

2.4   Primary School

Sean los metamodelos *families* y *school*, cuyos diagramas aparecen en las figuras siguientes.

Families es el metamodelo utilizado en clase y que describe a las familias (*Family*), especificando entre sus diferentes tipos de miembros (*Member*) (padre, madre, hijo e hija, respectivamente, *father, mother, son, daughter*). Se describen sus mascotas (*Pet*), y datos específicos de sus miembros (ficheros sanitarios (*HealthFile*) y cuenta correo electrónico (*EmailAccount*)). Por simplificar, supón que la fecha de nacimiento es un número entero con el año de nacimiento.

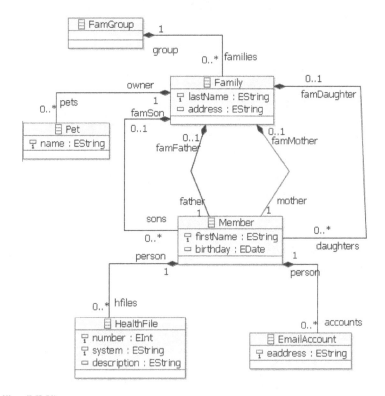

Families (MM1)

School describe la situación de una escuela de educación primaria *(school)*. Concretamente describe los *cursos* que se imparten, el *personal* y los *alumnos*.

Los cursos enumeran cada uno de los cursos que se imparten en esa escuela (por ejemplo, 1° de primaria, 2°, 3°, etc.). Los cursos están organizados en varios grupos (mínimo 1). Y a cada grupo siempre se le asigna un profesor como *tutor* del grupo y a dos miembros más del personal como *asistentes*. Los alumnos se agrupan según la familia a la que pertenezcan y se ordenan de mayor a menor según su año de nacimiento.

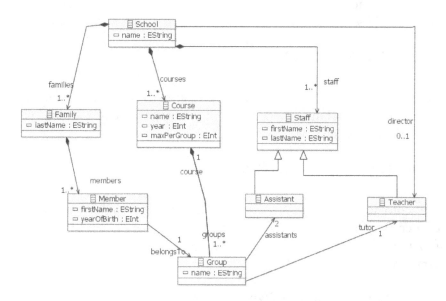

School (MM2)

2.4.1 Helper *isParent()*

Construir una función *helper* (de nombre *isParent*) que, para un elemento de la metaclase *Member*, devuelva un valor booleano dependiendo de si dicho miembro es raíz de una familia (es decir, mayor de edad y padre/madre de una familia).

2.4.2 Helper *getYears()*

Construir una función *helper* (de nombre *getYears*) que, obtiene el conjunto de años de nacimiento de los miembros de familia que pueden ser alumnos de la escuela, es decir menores de 18 años

2.4.3   Helper *hasAccounts()*

Crea una función *helper* (de nombre *hasAccounts*) que, para un elemento de la metaclase *Member*, devuelva un valor booleano dependiendo de si dicho miembro tiene cuentas de correo electrónico.

2.4.4   Helper *isParentWithoutChildren()*

Crea una función *helper* de nombre *isParentWithoutChildren* que para un elemento *Member* comprueba si es un "progenitor sin hijos" o no.

2.4.5   Helper *getAllParentsWOC()*

Crea una función *helper* de nombre *getAllParentsWOC* que, obtiene todos los elementos de la metaclase *Member* que son progenitores sin hijos. Puedes utilizar las funciones de puntos anteriores como ayuda, si lo consideras necesario, para desarrollar esta función.

2.4.6   Helper *getOldestParentWOC*

Crea una función *helper* (de nombre *getOldestParentWOC*) que obtiene el elemento de la metaclase *Member* que es el progenitor sin hijos más mayor, es decir, aquel cuyo año de nacimiento es menor. Puedes usar las funciones helper anteriores, si lo consideras necesario, para desarrollar esta función.

2.4.7   Transformation *Families2School*

Programa una transformación que convierta modelos de *families* a *school*. Dada un conjunto de familias con sus miembros, se quiere obtener la descripción de una escuela que contiene a las familias con niños en edad escolar[5], sus profesores y asistentes. Por simplificar, y aunque no sea muy real, los profesores de la escuela serán aquellos miembros (padre/madre) de una unidad familiar que no tiene hijos, y los asistentes serán los hijos adolescentes[6] de las familias. En la siguiente tabla se presenta un esquema

---

[5] los niños/as en edad escolar son los menores de 18 años, es decir, nacidos a partir de 1997.
[6] los niños/as adolescentes son los mayores de 18 años, es decir, cuyo año de nacimiento es anterior a 1997.

de los elementos que hay que crear en el modelo de destino *(target)* a partir de los del de origen *(source)*.

Source	Target
FamGrop	School
Family	Family
Member (niño/a en edad escolar)	Member
Member (niño/a adolescente)	Assistant
Member (padre/madre sin niñ@s)	Teacher

2.4.8 Transformation *Families2School (bis)*

Programa una transformación que convierta modelos de *families* a *school*. Dado un conjunto de familias con sus miembros, se quiere obtener la descripción de una escuela que contiene a las familias con niños en edad escolar[7], sus profesores y asistentes. Por simplificar, y aunque no sea muy real, los trabajadores (staff) de la escuela serán aquellos miembros (padre/madre) de una unidad familiar que no tiene hijos (serán profesores o asistentes dependiendo de si tienen cuenta de correo electrónico o no). Como director se asignará el padre/madre más mayor sin hijos. En la siguiente tabla se presenta un esquema de los elementos que hay que crear en el modelo de destino *(target)* a partir de los del de origen *(source)*.

Source	Target
FamGrop	School
Family	Family
Member (niño/a en edad escolar)	Member
Member (padre/madre sin niñ@s sin cuenta de correo)	Assistant
Member (padre/madre sin niñ@s con cuenta de correo)	Teacher

---

[7] los niños/as en edad escolar son los menores de 18 años, es decir, nacidos a partir de 1997.

2.5   Libraries & Product Catalog

Sean los metamodelos *libraries* y *prodcatalog*, cuyos diagramas aparecen en las figuras siguientes.

Libraries representa la fondos de una biblioteca (*Library*) dada. Entre los elementos que se pueden encontrar hay enciclopedias (*Encyclopedia*), que están compuestas por una serie de libros (*Book*) que, a su vez, podrían tener CDs asociados. Dentro de los fondos, también pueden existir libros no incluidos dentro de enciclopedias (que pueden tener o no CDs asociados) y también CDs por separado sin estar relacionados con ningún libro.

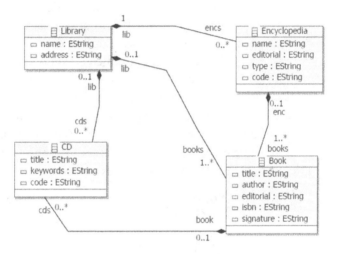

Libraries (MM1)

ProdCatalog representa un catálogo de productos (*Product*). La clase Productos es abstracta, y dentro de ella se consideran dos tipos: los coleccionables (*Collectable*) y el resto (*Item*). En alguno de los productos (los libros, en concreto) es posible que se guarde información acerca de sus autores. Los elementos coleccionables tienen relación con los otros (*others*) productos que forman parte de esa colección.

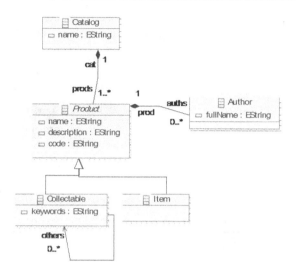

ProdCatalog (MM2)

2.5.1 Helper *getOtherCollectionItems()*

Construir una función *helper* de nombre *getOtherCollectionItems* que, para un elemento de la metaclase *Book*, obtenga la lista de los otros libros que pertenecen a su misma colección (si es que dicho libro pertenece a una colección, si no obtendrá una lista vacía).

2.5.2 Helper *getCollectableBooks()*

Construir una función *helper* de nombre *getCollectableBooks* que, para un elemento *Library*, obtenga la lista de los libros que pertenecen a una colección. Por ejemplo, en un modelo con dos enciclopedias que tienen estos libros respectivamente {*book1, book2*} y {*book3, book4, book5*}, se obtendrá la lista {*book1, book2, book3, book4, book5*}.

2.5.3 Transformation Libraries2Prodcatalog

Programar una transformación que convierta modelos de *libraries* a *prodcatalog* de acuerdo con la correspondencia que se define a continuación y que aparece resumido en la tabla de más abajo. De una biblioteca se debe obtener un catálogo. Las enciclopedias no tienen elemento en el metamodelo de destino, pero sus libros sí: son productos coleccionables (el título del libro es el nombre del producto, la descripción queda vacía y el código es su isbn). Los CDs asociados a un libro también se consideran productos coleccionables (el título del CD es su nombre, la descripción queda vacía). Los libros y los CDs que no son coleccionables son ítems.

Source	Target
Library	Catalog
Encyclopedia	--
Book de Encyclopedia	Product Collectable, Author
Otros Book	Product Item, Author
CD de Book de Encyclopedia	Product Collectable
Otros CD	Product Item

2.6   Political System

Sean los metamodelos **Party** y **Lists**, cuyos diagramas aparecen en las figuras siguientes.

Party representa los políticos y políticas (*politician*) adscritos a un determinado partido (*party*) y una ciudad (*city*).

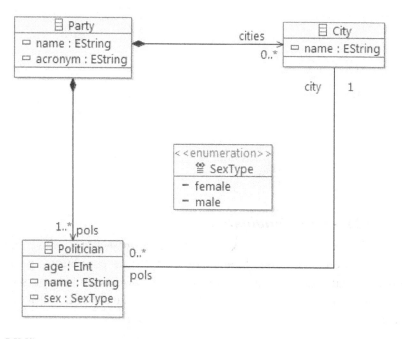

Party (MM1)

Lists representa las listas (*lists*) de personas candidatas (*candidate*) de una formación política en las ciudades (*town*) en las que presenta candidaturas.

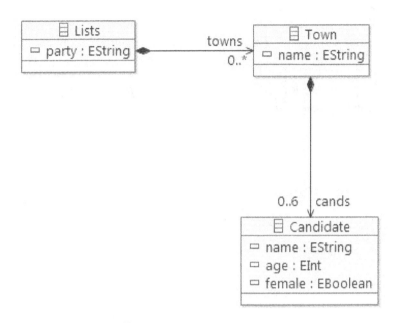

Lists (MM2)

2.6.1 Helper *isCandidate()*

Construir una función *helper* de nombre *isCandidate()* que, para un elemento de la metaclase *Politician*, devuelva *true* si el político o política va a formar parte de una candidatura y *false* en otro caso. Una persona está en la lista si está adscrita a una ciudad con mayoría de políticos de su mismo sexo.

2.6.2 Helper *getSexType()*

Construir una función *helper* de nombre *getSexType* que, para un elemento *City*, obtenga el sexo predominante en los políticos de esa ciudad.

2.6.3 Helper *numberOfMales()*

Construir una función *helper* de nombre *numberOfMales* que, para un elemento *City*, obtenga el número de políticos hombres de esa ciudad.

2.6.4   Transformation Party2Lists

Programar en una transformación que convierta modelos de *Party* a *Lists* de acuerdo con la correspondencia que se define a continuación y que aparece resumido en la tabla de más abajo. La lista de candidatos de una ciudad son los políticos del sexo predominante en esa ciudad ordenados de menos a más edad. En caso de empate, la candidatura es de mujeres. Nótese que el resto de políticos de esa ciudad no son candidatos y no deberían aparecer en las listas.

Source		Target	
Party	*acronym*	Lists	*party*
City	*name*	Town	*name*
Politician	*age, name, sex*	Candidate	*age, name, female*

2.7   Political System (2)

Sean los metamodelos *ListsTwo* y *PartyTwo*, cuyos diagramas aparecen en las figuras siguientes.

ListsTwo representa las listas (*lists*) de personas candidatas (*candidate*) de una formación política en las ciudades (*town*) en las que presenta candidaturas, junto con información de las instituciones (*institution*) relacionadas con los candidatos (en estados intermedios de confección de listas, es posible que no todos los candidatos tengan asociada una institución).

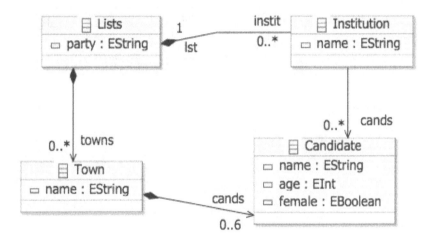

ListsTwo (MM1)

PartyTwo representa los políticos y políticas (*politician*) adscritos a un determinado partido (*party*) y una ciudad (*city*). Se tienen en cuenta los políticos o políticas que ocupan cargo público (*public office*) (para éstos se guardará el nombre de la institución correspondiente).

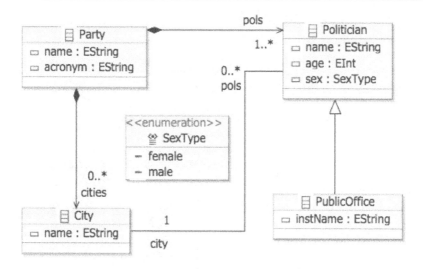

PartyTwo (MM2)

2.7.1 Helper *getInstitution()*

Construir una función *helper* de nombre *getInstitution* que, para un candidato, devuelva, de entre todas las instituciones en las que es candidato, la primera siguiendo el orden alfabético de sus nombres.

2.7.2 Helper *getTotalNumOfCandidates()*

Construir una función *helper* de nombre *getTotalNumOfCandidates* que devuelva el número total de candidatos entre todas las listas de las ciudades. Nota: diferentes expresiones son válidas, pero en este ejercicio sólo aceptaremos aquéllas que utilicen más de 3 funciones (necesarias en el contexto de la expresión).

2.7.3 Transformation *ListsTwo2PartyTwo*

Programar una transformación que convierta modelos de *ListsTwo* a *PartyTwo* de acuerdo con la correspondencia que se define a continuación y que aparece resumido en la tabla de más abajo. La transformación se hace completa cuando el total entre todas las listas tiene 3 o más candidatos. Si no, la transformación se limita únicamente a *Party*. En el primer caso, además, los candidatos se transforman en políticos (*Politician*) y cargos públicos (*PublicOffice*), dependiendo de si tienen o no institución asignada; y sólo se tienen en cuenta las ciudades con candidatos asignados.

Nota: en la implementación de las reglas **no se podrá utilizar la función _allInstances()_**, aparte de las funciones _helper_ que se proporcionan.

if 3 or more candidates

Source			Target	
Lists	_party_		Party	_name_
Town	_name_	if candidates	City	_name_
Candidate	_name, age, female_	if not institution	Politician	_name, age, sex_
Candidate	_name, age, female_	if institution	PublicOffice	_name, age, sex, instName_

if 2 or less candidates

Source			Target	
Lists	_party_		Party	_acronym_

2.8   Directories

Sean los metamodelos *SimpleDir* y *BigDir*, cuyos diagramas aparecen en las figuras siguientes.

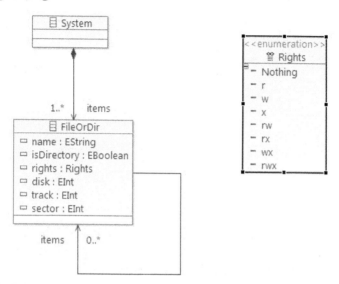

SimpleDir (MM1)

SimpleDir representa los ficheros y directorios (*FileOrDir*) de un sistema de ficheros. Todos ellos tienen su nombre (*name*). Los directorios y los ficheros se distinguen por el valor del atributo *isDirectory* (si es *true* es directorio, en otro caso es fichero). Se indican los permisos del fichero o del directorio *(r-read; w-write y x-execute)*. Los directorios pueden contener otros ítems (tanto directorios como ficheros). Además se guarda información de la localización física del fichero (disco *–disk-*, pista *–track-* y sector *–sector*).

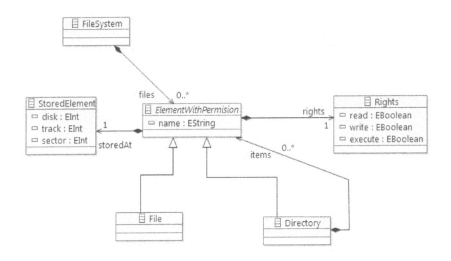

BigDir (MM2)

BigDir también representa los ficheros y directorios de un sistema de ficheros, pero de una manera diferente. En este sistema se almacenan los permisos y la localización física del fichero de forma separada y cada fichero tiene la referencia a su localización física y a los permisos. Se almacena el nombre (*name*). Los directorios también contienen otros ficheros o directorios.

2.8.1 Helper *getExecFiles()*

Construir una función *helper* de nombre *getExecFiles()* que, para un directorio, obtenga el número de ficheros ejecutables (i.e. con permiso de ejecución) contenidos directamente en dicho directorio.

2.8.2 Helper *getSamePermission()*

Construir una función *helper* de nombre *getSamePermission()* que, para un directorio y un permiso, obtenga los nombres de los ficheros contenidos en dicho directorio y que tengan el referido permiso.

2.8.3 Helper *getAllFiles()*

Construir una función *helper* de nombre *getAllFiles()* que, para un directorio obtenga todos los ficheros contenidos en el mismo, tanto contenidos directamente como contenidos en sus directorios.

2.8.4   Helper *getFilesInSameDisk()*

Construir una función *helper* de nombre *getFilesInSameDisk()* que, para un fichero, obtenga los otros ficheros contenidos en el mismo disco.

2.8.5   Helper *getDisks()*

Construir una función *helper* de nombre *getDisks()* que, obtenga la relación de discos donde el sistema tiene elementos contenidos.

2.8.6   Transformation *SimpleDir2BigDir*

Programar una transformación que convierta modelos de *SimpleDir* a *BigDir* de acuerdo con la correspondencia que se define a continuación y que aparece resumida en la siguiente tabla.

Source		Target	
System		FileSystem	
FileOrDir	*Directorio*	Directory	*Name*
		StoredElement	*Disk,track,sector*
		Rights	*Read,write,execute*
FileOrDir	*No es directorio*	File	*Name*
		StoredElement	*Disk,track,sector*
		Rights	*Read,write,execute*

2.9   Wiki & Blog

Sean los metamodelos **Blog** y **Wiki**, cuyos diagramas aparecen en las figuras siguientes.

Blog representa un *blog (log de la web)*, una especie de cuaderno o diario donde uno o varios usuarios escriben sus reflexiones, opiniones, etc. acerca de un tema de su interés. Un blog contiene artículos (*post*), con su título, contenido y fecha de publicación. Los usuarios registrados de un blog son editores (*editor*) o lectores (*reader*), los primeros editan artículos (*post*) y comentarios (*comment*), y los lectores únicamente pueden escribir comentarios (*comment*). Los artículos (*post*) pueden tener varios comentarios y cada comentario (*comment*) también puede tener comentarios asociados.

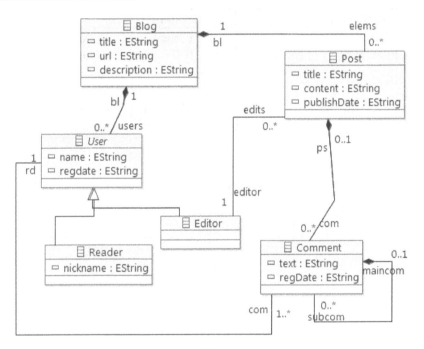

Blog (MM1)

Wiki representa una wiki, un entorno para la escritura de artículos de manera colaborativa. En una wiki varios usuarios pueden editar. Una wiki puede contener varias revisiones, cada revisión (*revision*) describe toda la estructura de un artículo (*wikiText*). El artículo (*wikiText*) se compone de varias secciones (*section*), organizadas de manera jerárquica, y de varios anexos (*annex*). Las secciones, además de un título y su texto (*Text*), pueden tener subsecciones, y éstas, a su vez, sub-subsecciones, etc. Esta relación jerárquica se describe mediante la relación *subsec* y el atributo *level*.

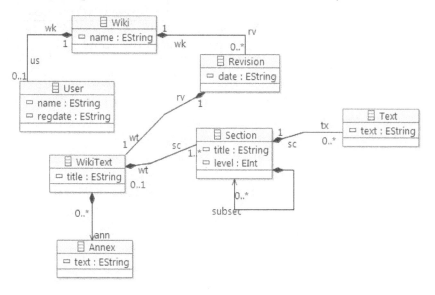

Wiki (MM2)

2.9.1 Helper *getBestPost()*

Construir una función *helper* de nombre *getBestPost()* que, para un editor obtenga, de entre los artículos (*post*) que ha editado, el que más comentarios directos ha recibido.

2.9.2 Transformation *Blog2Wiki*

Programar una transformación que convierta modelos de *Blog* a *Wiki* de acuerdo con la correspondencia que se resume en la siguiente tabla ('*comentario inicial*', el que se asocia a un artículo directamente; '*comentario no-inicial*', el que se asocia a otro comentario).

Source	Target

Blog		Wiki Revision Wikitext	
Editor		User	
Post		Section Text	*Section (level=1)* *Text (text=Post.content)*
Comment	*Es inicial*	Section Text	*Section (level=2)* *Text (text=Comment.text)*
Comment	*No es inicial*	Annex	

2.10 BPMN and Graph diagrams

Sean los metamodelos **BPMN** y **Graph**, cuyos diagramas aparecen en las figuras siguientes.

BPMN representa un diagrama BPMN que está compuesto por conexiones *(Connection)*, objetos de flujo *(FlowObject)* y Artefactos *(Artifact)*. Los objetos de flujo, se clasifican en eventos *(Event)*, puertas de enlace *(Gateways)* y Actividades *(Activity)*. Cada uno de ellos tiene una subdivisión más, que aparece representada con los tipos enumerados *ConnectionType* (para conexiones), *EventType* (para eventos), *GatewayType* (para puertas de enlace) y *ActivityType* (para actividades). Las conexiones tienen un objeto de flujo del que parten *(from)* y otro al que llegan *(to)*. Las actividades pueden leer de un artefacto *(requires)* o escribir en un artefacto *(produces)*.

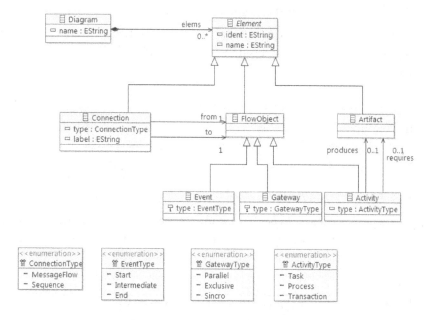

BPMN (MM1)

Graph representa grafos. Los grafos están compuestos por nodos *(Node)* y aristas *(Edge)*. Y las aristas unen un nodo origen *(source)* con un nodo destino *(target)*.

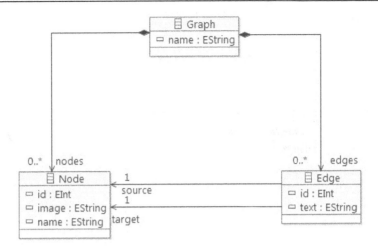

Graph (MM2)

2.10.1 Helper *getRequiringActivities()*

Construir una función *helper* (sin contexto) de nombre *getRequiringActivities()* que obtenga todas las actividades que requieren algún artefacto.

2.10.2 Helper *getConnections()*

Construir una función *helper* (con contexto) de nombre *getConnections()* que, dados dos objetos de flujo, obtenga una colección con las conexiones que existen entre ellos.

2.10.3 Helper *getIconPath()*

Construir una función *helper* (con contexto) de nombre *getIconPath()* que, para un Evento obtenga el nombre del fichero que representa gráficamente a los eventos de ese tipo.

Start	*/img/flowobject/event/* **start**.*png*
End	*/img/flowobject/event/* **end**.*png*
Intermediate	*/img/flowobject/event/* **intermediate**.*png*

2.10.4 Helper *getAllConnections()*

Construir una función *helper* (sin contexto) de nombre *getAllConnections()* que, dado un diagrama, obtenga, para cada uno de los objetos de flujo, la

---

lista de conexiones que parten de dicho objeto. Por ejemplo, si en un diagrama hay 3 objetos de flujo o1, o2 y o3, el resultado debe ser una secuencia de tres secuencias: la primera con las conexiones que parten de o1, la segunda con las que parten de o2 y la tercera con las que parten de o3.

2.10.5 Helper *getNextObjects()*

Construir una función *helper* (con contexto) de nombre *getNextObjects()* que, para un objeto de flujo, obtenga una colección con todos los objetos de flujo a los que se pueda llegar desde dicho objeto a través de alguna conexión que parta de ese objeto.

2.10.6 Helper *getPostSincroObjects()*

Construir una función *helper* (sin contexto) de nombre *getPostSincroObjects()* que obtenga todos los objetos de flujo inmediatamente posteriores a todas las puertas de enlace de sincronización.

2.10.7 Helper *getProducedArtifacts()*

Construir una función *helper* (sin contexto) de nombre *getProducedArtifacts()* que obtenga todos los artefactos producidos por las actividades de un diagrama.

2.10.8 Transformation *BPMN2Graph*

Programar una transformación que convierta modelos de *BPMN* a *Graph* de acuerdo con la correspondencia que se define a continuación y que aparece resumida en la tabla de más abajo: Un diagrama BPMN se puede representar como un grafo. Las conexiones se representan mediante aristas y cada uno del resto de los elementos del diagrama se representa mediante un nodo. Por simplificar, consideraremos que:

- todas las conexiones son del mismo tipo

- cada nodo tiene una imagen distinta para diferenciar el tipo de nodo que representan (ver rutas),

- como máximo, un diagrama contiene un artefacto de donde se lee y otro donde se escribe, lo que significa que solo hay como máximo una actividad que produce un artefacto y otra que lo requiere (aunque podría ser la misma actividad la que produzca y requiera).

Source		Target	
BPMN		Graph	
Diagram	*name* *elems*	Graph	*name* *nodes, edges*
Connection	*label* *from* *to*	Edge	*text* *source* *target*
Event	*ident* *name* *type*	Node	*id* *name* *image*
Gateway	*ident* *name* *type*	Node	*id* *name* *image*
Artifact	*ident* *name* *type*	Node	*id* *name* *image*
Activity	*ident* *name* *type*	Node	*id* *name* *image*
Activity	*if produces*	Edge	*text* = *'produces', source*
Activity	*if requires*	Edge	*text* = *'requires', target*

RUTAS

Artifact	*/img/ artifact.png*
Event	*/img/flowobject/event/Start.png* */img/flowobject/event/Intermediate.png* */img/flowobject/event/End.png*
Gateway	*/img/flowobject/gateway/Parallel.png* */img/flowobject/gateway/Sincro.png* */img/flowobject/gateway/Exclusive.png*
Activity	*/img/flowobject/activity/Task.png* */img/flowobject/activity/Process.png* */img/flowobject/activity/Transaction.png*

2.11 Wiki and Graph diagrams

Sean los metamodelos **Wiki** y **Graph**, cuyos diagramas aparecen en las figuras siguientes.

Wiki representa una wiki, un entorno para la escritura de artículos de manera colaborativa. En una wiki varios usuarios (*User*) pueden editar sus artículos. Una wiki puede contener varias revisiones, cada revisión (*Revision*) describe toda la estructura de un artículo (*WikiText*). El artículo (*WikiText*) se compone de varias secciones (*Section*), organizadas de manera jerárquica, y de varios anexos (*Annex*). Las secciones, además de un título y su texto (*Text*), pueden tener subsecciones, y éstas, a su vez, sub-subsecciones, etc. Esta relación jerárquica se describe mediante la asociación *subsec* y el atributo *level*.

Graph representa un grafo. Los grafos están compuestos por nodos *(Node)* y aristas *(Edge)*. Y las aristas unen un nodo origen *(source)* con un nodo destino *(target)*.

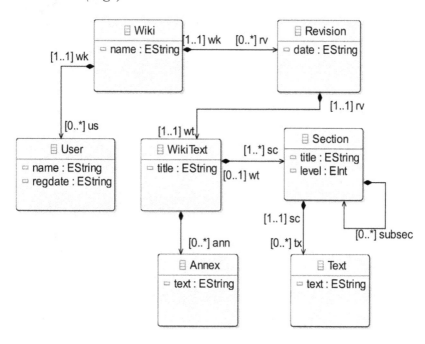

Wiki (MM1)

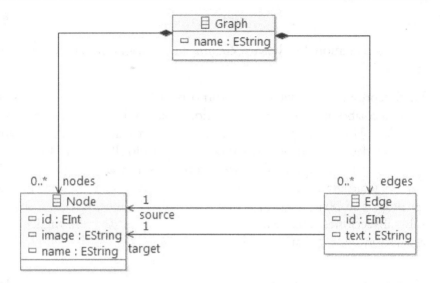

Graph (MM2)

Ejemplo de un modelo Wiki:

- platform:/resource/metaereduak/model/articleswiki.xmi
  - Wiki AboutEMF
    - User John Smith
    - Revision 2016-03-23
      - Wiki Text Definition of Ecore
        - Section Main metaclasses
          - Text The main metaclasses are described
          - Text and their attributes
          - Section Specializations
            - Text Specializations between metaclasses are described ..
            - Text The advantages are explained
            - Section Shared
              - Text This type of specializations is one that ...
              - Section Blackbox
              - Section Whitebox
          - Section Main relationships
            - Text Aggregations and references ...
          - Annex Full Diagram
    - Revision 2016-07-30
      - Wiki Text Definition of Ecore v.2
        - Section Main metaclasses v.2
    - Revision 2016-10-12
      - Wiki Text Main classes v.3
        - Annex Full Diagram v.2
        - Annex Reference List

El grafo correspondiente al wiki de ejemplo:

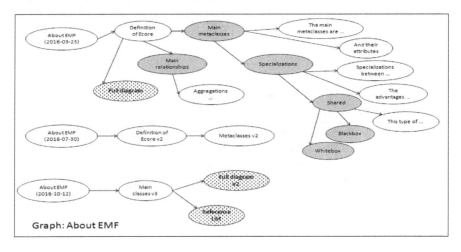

Graph: About EMF

2.11.1 Helper *getTextWithAnnex()*

Construir una función *helper* (sin contexto) de nombre *getTextWithAnnex()* que obtenga los artículos (*WikiText*) que contienen al menos un anexo (*Annex*).

2.11.2 Helper *getSubsections()*

Construir una función *helper* (con contexto) de nombre *getSubsections()* que, dada una sección (*Section*), obtenga una colección con todas las secciones (*Section*) incluidas en la misma, independientemente de su nivel. Con el modelo de ejemplo, para la sección *"Main metaclasses"* se obtendría la colección {*section:Specializations*, *section:Shared*, *section:Blackbox*, *section:Whitebox*}, para la sección *"Main relationships"* se obtendría { }. **Nota**: la función podría ser recursiva.

2.11.3 Transformation *Wiki2Graph*

Programar una transformación que convierta modelos de *Wiki* a *Graph* de acuerdo con la correspondencia que se define a continuación y que aparece resumida en la tabla de más abajo (También se proporciona un ejemplo de modelo *wiki* y su correspondiente grafo (simplificado y en modo gráfico)). Una estructura *Wiki* se puede representar como un grafo. Cada uno de los elementos del diagrama (*Revision*, *WikiText*, etc.) se representa mediante un nodo y las agregaciones entre elementos se representan mediante aristas, que tienen como origen y destino al elemento contenedor y al elemento contenido, respectivamente. Por ejemplo, con el modelo de ejemplo, a partir de la sección *"Main metaclasses"* se generarán un nodo (de nombre *"Main metaclasses"*) y una arista (de nombre *"to->Main metaclasses"* que como destino tiene el nodo creado para *"Main metaclasses"* y como origen el nodo que represente al WikiText *"Definition of Ecore"*.

Nota1: Para la creación de las aristas es conveniente usar el punto de vista del nodo destino, no el de origen, porque eso complicaría demasiado la implementación.

Nota2: el atributo *edges* de *Graph* NO se tendrá en cuenta en la implementación.

Source			Target
Wiki		**Graph**	
Wiki	*name* *rv*	Graph	*name* *nodes*, ~~*edges*~~
Revision	*date*	Node	*name* (composed of wiki *name* and revision *date*)
WikiText	*title*	Node	*name*
	rv	Edge	*text, source, target*
Section	*title*	Node	*name*
	wt	Edge	*text, source, target*
Text	*text*	Node	*name*
	sc	Edge	*text, source, target*
Annex	*text*	Node	*name*
		Edge	*text, source, target*

2.12 Books (2)

Sean los metamodelos **_BooksThree_** y **_BooksTwo_**. cuyos diagramas se muestran debajo.

BooksTwo describe un catálogo de libros, y los capítulos que los componen, junto con enciclopedias compuestas por múltiples volúmenes y éstas, a su vez por múltiples secciones.

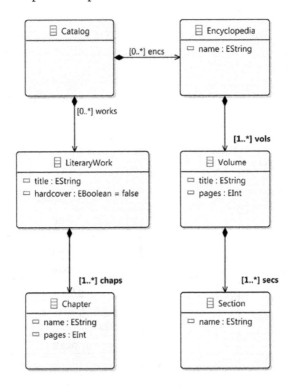

BooksTwo (MM1)

BooksThree también es un catálogo de publicaciones (libros y enciclopedias) con sus capítulos, aunque se tiene en cuenta si los libros tienen tapa dura (_hardcover_) o no.

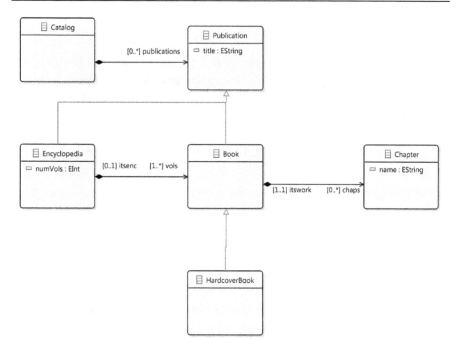

BooksThree (MM2)

2.12.1 Helper *numberOfPages()*

Construir un *helper* (con contexto) de nombre *numberOfPages()* que dada una obra literaria (*LiteraryWork*), obtenga el número de páginas de la misma (que es la suma de las páginas de todos los capítulos (*Chapter*) que la componen).

2.12.2 Helper *pagesOfItsBook()*

Construir un *helper* (con contexto) de nombre *pagesOfItsBook()* que dado un capítulo (*Chapter*), obtenga el número de páginas de su obra. Si lo necesitas, puedes usar los *helper* anteriores.

2.12.3 Helper *pagesOfItsVolume()*

Construir un *helper* (con contexto) de nombre *pagesOfItsVolume()* que dada una sección (*Section*), obtenga el número de páginas de su volumen. Si lo necesitas, puedes usar los *helper* anteriores.

2.12.4 Helper *getAllPublications()*

Construir un *helper* (sin contexto) de nombre *getAllPublications()* que, obtenga una colección (p.e. *Sequence(OclAny)*) con todas las obras literarias y todos los volúmenes de las enciclopedias del catálogo, excepto aquellas y aquellos cuya longitud sea menor de 100 páginas. Si lo necesitas, puedes usar los *helper* anteriores.

2.12.5 Helper *longerBooks()*

Construir un *helper* (con contexto) de nombre *longerBooks()* que dado un libro (*Book*), obtenga una colección con los títulos de libros con más capítulos que dicho libro.

2.12.6 Helper *titleInEncyclopedia()*

Construir un *helper* (sin contexto) de nombre *titleInEncyclopedia()* que, dados dos títulos (uno de una enciclopedia y otro de un libro), indique si la enciclopedia indicada contiene un volumen con el título propuesto.

2.12.7 Transformation *BooksTwo2BooksThree*

Se ha implementado la transformación que convierta modelos conformes al metamodelo *BookTwo* a modelos conformes al metamodelo *BookThree*, de acuerdo con la correspondencia que se define a continuación y que aparece resumida en la tabla siguiente. Revisa las reglas de la transformación y complétala, añadiendo/quitando/modificando lo que fuera necesario. Si lo necesitas, puedes usar los *helper* creados en los ejercicios anteriores o definir nuevos.

Del catálogo de *BookTwo* se convierten, <u>siempre y cuando tengan más de 100 páginas</u>, obras literarias (*LiteraryWork*) y volúmenes (*Volume*). El catálogo se convierte en catálogo. Las obras literarias (*LiteraryWork*) en Libros de tapa blanda (*Book*) o de tapa dura (*HardCoverBook*) dependiendo del tipo de tapas (atributo *hardcover*). Las enciclopedias también son enciclopedias en *BookThree*, pero solo formadas por los volúmenes que cumplen la condición anterior. Cada obra literaria/volumen que cumpla la condición se traslada con sus capítulos/secciones.

Source		Target	
BookTwo		**BookThree**	
Catalog	*encs, works*	Catalog	*publications*
Literary Work	*title, hardcover,chaps*	Book HardcoverBook	*title*
Encyclopedia	*name, vols*	Encyclopedia	*title, numVols, vols*
Chapter	*name*	Chapter	*name*
Section	*title*	Chapter	*name*
Volume	*title, secs*	HardcoverBook	*title*

```
-- @path MM1=/Books/metamodels/BooksTwo.ecore
-- @path MM2=/Books/metamodels/BooksThree.ecore

module booksTwo2bookThree;
create OUT : MM2 from IN : MM1;

rule catalog2catalog {
  from s : MM1!Catalog
  to  t : MM2!Catalog ( publications <- s.works )
}

rule literaryW2book {
  from s : MM1!LiteraryWork
  to  t : MM2!Book ( chaps <- s.chaps, title <- s.title )
}

rule encyclopedia2encyclopedia {
  from s : MM1!Encyclopedia
  to   t : MM2!Encyclopedia ( title <- s.name, numVols <-
s.vols->size(), vols<-s.vols )
}

rule chapter2chapter {
  from s : MM1!Chapter
  to  t : MM2!Chapter ( name <- s.name )
}

rule section2chapter {
  from s : MM1!Section
  to  t : MM2!Chapter ( name <- s.name )
}

rule volume2book {
  from s : MM1!Volume
  to   t : MM2!HardcoverBook ( title <- s.title, chaps <- s.secs
)
}
```

2.12.8 Transformation *BooksThree2BooksTwo*

Se ha implementado la transformación que convierta modelos conformes al metamodelo **BookThree** a modelos conformes al metamodelo **BookTwo**, de acuerdo con la correspondencia que se define a continuación y que aparece resumida en la tabla siguiente. Revisa las reglas de la transformación y complétala, añadiendo / quitando / modificando lo que fuera necesario. Si lo necesitas, puedes usar los *helper* creados en los ejercicios anteriores, definir nuevos o usar los que se declaran en la implementación.

Del catálogo de *BookThree* se debe obtener el catálogo de *BookTwo*. En el nuevo catálogo aparecen las publicaciones del primero, en el caso de los libros siempre y cuando tengan más de 100 páginas. Las enciclopedias (*Encyclopedia*) se convierten en enciclopedias. Los volúmenes (*Volume*) de la enciclopedia son los libros asociados a las enciclopedias y todos tienen tapa dura (*hardcover*). Los demás libros tienen tapa blanda y se transforman en obras literarias (*LiteraryWork*). Cada libro que cumpla la condición se traslada con sus capítulos/secciones correspondientes.

Source		*Target*	
BookThree		**BookTwo**	
Catalog	*publications*	Catalog	*encs, works*
HardcoverBook	*title*	Volume	*title, pages, secs*
Book	*title*	Literary Work	*title, hardcover, chaps*
Encyclopedia	*title, numVols, vols*	Encyclopedia	*name, vols*
Chapter	*name*	Chapter	*name, pages*
Chapter	*name*	Section	*title*

```
-- @path MM1=/Books/metamodels/BooksThree.ecore
-- @path MM2=/Books/metamodels/BooksTwo.ecore
module booksThree2bookTwo;
create OUT : MM2 from IN : MM1;

rule catalog2catalog {
  from s : MM1!Catalog
  to   t : MM2!Catalog (

)
}

rule book2literary {
  from s : MM1!Book
  to   t : MM2!LiteraryWork (

)
}

rule encyclopedia2encyclopedia {
  from s : MM1!Encyclopedia
  to   t : MM2!Encyclopedia (

)
}

rule chapter2chapter {
  from s : MM1!Chapter
  to   t : MM2!Chapter (

)
}

rule chapter2section {
  from s : MM1!Chapter
  to   t : MM2!Section (

)
}
```

3. DSL

3.1 Concrete Syntax Grammar for Products and Providers

Construir una gramática para representar la sintaxis concreta de un lenguaje específico de dominio (DSL), dentro del dominio de proveedores y productos (ver figura), en la que un proveedor (*supplier*) suministra productos (*product*) en exclusiva. Todos los productos suministrados vienen bien empaquetados (*packaged*) o bien embotellados (*bottled*). El suministro en exclusiva indica que no hay otro proveedor que suministre el mismo producto. La gramática debe considerar la existencia de varios (0 o más) suministradores de productos.

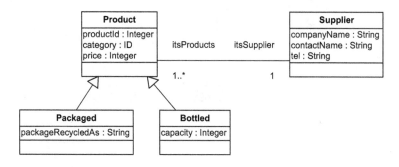

3.2   Concrete Syntax Grammar for Watches and Clients

Construir una gramática para representar la sintaxis concreta de un lenguaje específico de dominio (DSL), dentro del dominio de *relojes y clientes* (ver figura).

Los sistemas de este dominio contienen relojes. Los relojes están descritos por varios parámetros, como un código de identificación (*code*), el diseño y el tamaño de la esfera (*face-design* y *face-size*, respectivamente), la longitud (*length*), el material y el número de refuerzos (*reinforcement*) de la correa (*strap*) y su propietario. Los propietarios son clientes que se describen con su código, nombre, fecha de registro y el test de actividad. Estos tests tienen almacenado el tipo de trabajo y deporte realizado por el cliente, el número de horas que dedica a cada actividad, así como la fecha en que se realizó dicho test.

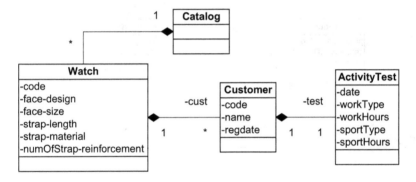

3.3   Concrete Syntax Grammar for Libraries

Construir una gramática para representar la sintaxis concreta de un lenguaje específico de dominio (DSL), dentro de un dominio de *bibliotecas* (ver figura).

Las bibliotecas de este dominio únicamente pueden tener enciclopedias, libros y cd's. Aunque de los otros le pueden faltar, al menos tendrán un libro. Las enciclopedias son colecciones de libros (al menos tendrán uno), y en la biblioteca puede haber libros que no estén integrados en ninguna colección. Lo mismo sucede con los cd's, un libro puede tener incuidos varios cd's (por ejemplo, con material de estudio auxiliar), pero en la biblioteca puede haber cd's que no estén asociados a ningún libro (por ejemplo, con música o vídeo). Los libros asociados a una enciclopedia van integrados con la misma (lo mismo sucede con los cd's asociados a un libro). Los descriptores de cada concepto son los especificados en el siguiente metamodelo.

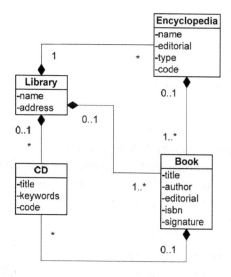

3.4   Genealogies

3.4.1   Concrete Syntax Grammar for Genealogies

Dada la siguiente figura que representa la sintaxis abstracta de *Genealogies*, que contiene una lista de árboles genealógicos, construir una gramática en *xText* para representar una sintaxis concreta asociada a dicha sintaxis abstracta.

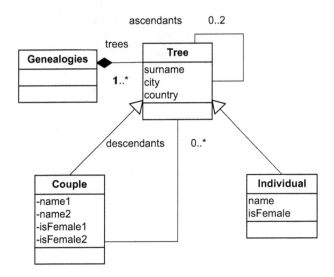

Genealogies representa una lista de nodos de árboles genealógicos *(trees)*. Las raíces de los árboles son personas solteras (*Individual*) o parejas (*Couple*) de las que no se tienen datos sobre sus antepasados. Las hojas del árbol serán personas solteras o parejas sin hijos. Todo nodo del árbol *(Tree)* tiene un apellido *(surname)* junto a la ciudad *(city)* y país *(country)* donde están radicados. Cada nodo del árbol tiene relación con sus ascendientes (*ascendants,* cero, una o dos parejas) y con sus descendientes (*descendants*, que pueden ser tanto parejas como personas solteras).

Las personas solteras *(Individual)* tienen un nombre *(name)* y un valor booleano que nos indica si se trata de una mujer *(isFemale)*. A las parejas *(Couple)* también les describen sus nombres de pila *(name1* y *name2)*. El sexo aparece indicado mediante los atributos booleanos *isFemale1* e *isFemale2*.

3.4.2   Generation of a List of Couples & Singles

Escribe el programa implementado en *xTend* para que, dada una expresión conforme a la gramática definida en el ejercicio 3.4.1 genere un texto con la lista anidada de parejas (*Couple*) y solteros (*Individual*). En la lista, los solteros (*Individual*) y parejas (*Couple*) sin ascendientes directos, tienen una lista cada uno. Los solteros (*Individual*) y parejas (*Couple*) con ascendientes, se incluyen en la lista de su ascendiente directo. Cada lista principal comienza con un signo '***' y se delimita con '( )'. Para indicar los descendientes de una pareja, éstos se separan por un signo '+', y la sublista comienza con un signo '=>'.

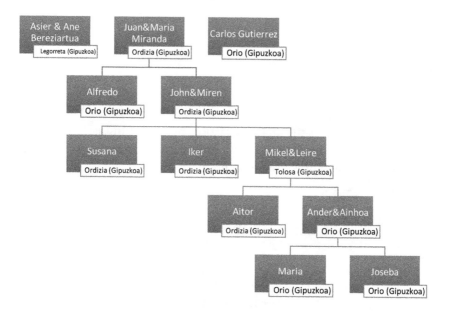

A continuación, se incluye la lista que se debe generar para los siguientes tres árboles genealógicos. La indentación no se debe tener en cuenta en la generación de código, se ha incluido por cuestiones de legibilidad.

```
*** (miranda: juan & maria =>
       (miranda: alfredo)
     + (miranda: jon & miren =>
           (miranda: susana)
         + (miranda: iker)
         + (miranda: mikel & leire =>
             (miranda: aitor)
           + (miranda: ander & ainhoa =>
               (miranda: maria)
             + (miranda: joseba)
           )
         )
       )
     )
*** (bereziartua: asier & ane)
*** (gutierrez: carlos)
```

3.4.3 Generation of a List of Couples & Singles (with Clues)

Este ejercicio es el mismo que el anterior, pero se suministra como dato una gramática en xText para poder indicar las expresiones. También se indica cuál sería la expresión en esa gramática para el ejemplo incluido en el ejercicio 3.4.2.

Gramática de partida:

```
Genealogies:
  trees+=TreeRule+;

TreeRule returns Tree:
  'Tree' name=ID elem=(Couple | Individual);

Couple:
  'Couple' surname=STRING '(' name1=STRING
(isfemale1?='woman')?
  '&' name2=STRING (isfemale2?='woman')? ')'
  'from' city=STRING '(' country=STRING ')'
  ('has descendants' descen+=[Tree]*)?
  ('direct ascendants' ascen+=[Tree]*)? ;
```

```
Individual:
  'Individual' surname=STRING '(' name=STRING
(isfemale?='woman')? ')'
  'from' city=STRING '(' country=STRING ')'
  ('direct ascendants' ascen+=[Tree]*)? ;
```

Expresión usando la Gramática anterior:

Tree bat Couple
    'miranda' ('jon' & 'miren' **woman**)
    from 'ordizia' ('gipuzkoa')
    has descendants sei lau
    direct ascendants bi
Tree bi Couple 'miranda' ('juan' & 'maria' **woman**)
    from 'ordizia' ('gipuzkoa')
    has descendants hamalau bat
Tree hiru Individual 'miranda' ('aitor')
    from 'ordizia' ('gipuzkoa')
    direct ascendants sei
Tree lau Individual 'miranda' ('susana' **woman**)
    from 'ordizia' ('gipuzkoa')
    direct ascendants bat
Tree bost Couple 'bereziartua' ('asier' & 'ane' **woman**)
    from 'legorreta' ('gipuzkoa')
Tree sei Couple 'miranda' ('mikel' & 'leire' **woman**)
    from 'tolosa' ('gipuzkoa')
    has descendants hiru zazpi
    direct ascendants bat
Tree zazpi Couple 'miranda' ('ander' & 'ainhoa' **woman**)
    from 'orio' ('gipuzkoa')
    has descendants hamahiru zortzi
    direct ascendants sei
Tree zortzi Individual 'miranda' ('joseba')
    from 'orio' ('gipuzkoa')
    direct ascendants zazpi
Tree bederatzi Individual 'miranda' ('iker')
    from 'ordizia' ('gipuzkoa')
    direct ascendants bat

Tree hamabi **Individual** 'gutierrez' ('carlos')
   from 'orio' ('gipuzkoa')
Tree hamahiru **Individual** 'miranda' ('maria' **woman**)
   from 'orio' ('gipuzkoa')
   direct ascendants zazpi
Tree hamalau **Individual** 'miranda' ('alfredo')
   from 'orio' ('gipuzkoa')
   direct ascendants bi

3.5 Chess

Sea el dominio del **juego del ajedrez**. En él encontramos diferentes notaciones para representar las partidas entre los contendientes. Nos vamos a fijar en dos de ellas (ver figura siguiente): la *notación textual (izquierda)* y la *notación algebraica (derecha)*, ambas se describen a continuación.

La *notación textual* (izquierda) incluye los nombres de los contendientes, se indica con qué color juega cada uno de ellos y los movimientos de la partida. En el ejemplo se indica que es una partida entre Karpov y Fischer, que juegan con las piezas blancas y negras, respectivamente. El primer movimiento siempre es de las blancas, y cada vez se mueve una de las piezas en turnos blanca/negra, luego no hay que indicar el color de la pieza que se mueve. Las casillas del tablero (8x8) se indican con la fila y la columna (las filas van del '1' al '8', y las columnas de la 'a' a la 'h'). En el primer movimiento del ejemplo se indica que el peón blanco de la casilla e2 (columna e, fila 2) se mueve a la casilla f4 (columna f, fila 4). En el cuarto movimiento se indica que el peón negro de la casilla f5 (columna f, fila 5) captura la torre blanca de la casilla g7 (columna g, fila 7).

`White: "Karpov"`	`White: Karpov`
`Black: "Fischer"`	`Black: Fischer`
`pawn at e2 moves to f4`	`Pe2f4`
`pawn at f7 moves to f5`	`Pf7f5`
`knight at b1 moves to c3`	`Nb1c3`
`pawn at f5 captures rook at g7`	`Pf5xg7`
`queen at d1 moves to h5`	`Qd1h5`
`pawn at b3 moves to c4`	`Pb3c4`
`knight at c3 captures pawn at c4`	`Nc3xc4`
Textual notation	Algebraic notation

La *notación algebraica* (derecha) utiliza una letra (que cambia según el idioma) para representar las piezas del tablero (ver en la siguiente tabla los colores y los nombres de las piezas en seis idiomas). Los movimientos se representan indicando la casilla inicial y la casilla final a continuación de la letra correspondiente a la pieza a mover. Las capturas se indican de la misma manera pero incluyendo una x entre las dos casillas.

English		Spanish		Basque		French		German		Italian
	White		Blancas		Txuriak		Blanches		Weiss	Biancas
	Black		Negras		Beltzak		Noires		Schwartz	Neras
K	King	R	Rey	E	Erregea	R	Roi	K	König	Re
Q	Queen	D	Dama	A	Anderea	D	Dame	D	Dame	Donna
B	Bishop	A	Alfil	G	Gudaria	F	Fou	L	Läufer	Alfiere
R	Rook	T	Torre	D	Dorrea	T	Tour	T	Turm	Torre
N	Knight	C	Caballo	Z	Zalduna	C	Cavalier	S	Springer	Cavallo
P	Pawn	P	Peón	P	Peoia	P	Pion	B	Bauer	Pedone

3.5.1   Concrete Syntax Grammar for Textual notation

Construye una gramática en *xText* para representar la sintaxis concreta para la notación textual del ajedrez.

3.5.2   Generate a game into algebraic notation

Escribe el programa implementado en *xTend* para que, dada una expresión conforme a la gramática del ejercicio 3.5.1, genere una expresión equivalente en notación algebraica.

Como versión más simplificada del ejercicio, se puede utilizar la siguiente gramática para representar la notación textual de ajedrez.

```
Game:
    "White:" whitePlayer = STRING
    "Black:" blackPlayer = STRING
    (moves += Move)+;

Move:
    piece = PIECE 'at' source = SQUARE
    (captures ?= 'captures'
        capturedPiece = PIECE 'at' | 'moves to')
    dest = SQUARE;
terminal SQUARE:
    ('a'..'h')('1'..'8');
enum PIECE:
    pawn   = 'pawn'   | knight = 'knight' |
    bishop = 'bishop' | rook   = 'rook'   |
    queen  = 'queen'  | king   = 'king';
```

3.5.3   Generate a Game Translation Request for Other Languages

Modifica la gramática que se muestra en el ejercicio 3.5.2 para que las expresiones para representar las partidas se conviertan en peticiones de traducción de notación textual en inglés a notación algebraica en un

---

idioma concreto. La notación de la partida permanece inalterada, pero se añade una línea (la que aparece marcada en el ejemplo) en la que se indica en qué idioma se desea la salida (de entre *Basque, English, French, German, Italian* o *Spanish*).

A continuación aparece el ejemplo de ejercicios anteriores y se ha sombreado la nueva línea a añadir. Esta expresión debería ser aceptada con la nueva gramática.

```
Translate into "Basque"
White: "Karpov"
Black: "Fischer"
pawn at e2 moves to f4
pawn at f7 moves to f5
knight at b1 moves to c3
pawn at f5 captures rook at g7
queen at d1 moves to h5
pawn at b3 moves to c4
knight at c3 captures pawn at c4
```
Textual notation

3.5.4   Generate a Game in a Specific Language

Lo siguiente es un programa implementado en *xTend* para que, dada una expresión en notación textual como la del ejemplo inicial genere una expresión equivalente en notación algebraica en inglés usando la gramática del ejercicio 3.5.3.

```
package es.ehu.chessdsl.generator
import org.eclipse.emf.ecore.resource.Resource
import org.eclipse.xtext.generator.IGenerator
import org.eclipse.xtext.generator.IFileSystemAccess
import es.ehu.chessdsl.chessDsl.Move
import es.ehu.chessdsl.chessDsl.Game
class ChessDslGenerator implements IGenerator {
  override void doGenerate(Resource resource, IFileSystemAccess
fsa) {
      fsa.generateFile('chess.txt', resource.process);
      }

   def Iterable<Move> getMoveList(Resource r) {
      return r.allContents.toList().filter(typeof(Move));
      }
```

```
def String getWhite(Resource r) {
  return        r.allContents.toList().filter(typeof(Game))
    .head.whitePlayer;
  }

def String getBlack(Resource r) {
  return        r.allContents.toList().filter(typeof(Game))
    .head.blackPlayer;
  }

def String getPieceLetter(Move m) {
  if (m.piece.toString() == 'king') return 'K';
  if (m.piece.toString() == 'queen') return 'Q';
  if (m.piece.toString() == 'knight') return 'N';
  if (m.piece.toString() == 'bishop') return 'B';
  if (m.piece.toString() == 'rook') return 'R';
  if (m.piece.toString() == 'pawn') return 'P';
  }

def process(Resource r) '''
  White: «r.getWhite»
  Black: «r.getBlack»
  «FOR m: r.getMoveList»
    «m.processmove»
  «ENDFOR»
  '''

def processmove(Move m) '''
  «IF                    m.captures                ==
true»«m.getPieceLetter»«m.source»x«m.dest»
  «ELSE»«m.getPieceLetter»«m.source»«m.dest»«ENDIF»
  '''
}
```

Modifica el programa *Xtend* para que genere las expresiones en notación algebraica en el idioma especificado. El programa debe alterarse para escribir los colores de los jugadores y la inicial de las piezas a mover según el idioma. Además, el programa debe separar las casillas de los movimientos con un guión. En la siguiente figura aparecen cómo sería la traducción para *Basque* y *German* de la partida especificada en el ejercicio 3.5.3.

Zuriak: Karpov	Weiss: Karpov
Beltzak: Fischer	Swartz: Fischer
Pe2-f4	Be2-f4
Pf7-f5	Bf7-f5
Zb1-c3	Sb1-c3
Pf5xg7	Bf5xg7
Ad1-h5	Dd1-h5
Pb3-c4	Bb3-c4
Zc3xc4	Sc3xc4
Basque	German

3.6   Political System

3.6.1   Concrete Syntax Grammar for Political System (1)

Dada la siguiente figura que representa la sintaxis abstracta de *Party*, que contiene una lista de políticos (*politicians*) adscritos al partido (*party*) en las ciudades (*city*) donde está presente, construir una <u>gramática en **xText** para representar una sintaxis concreta</u> asociada a dicha sintaxis abstracta.

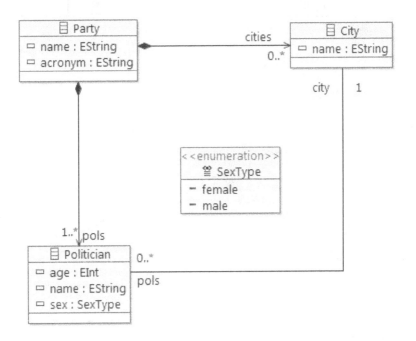

3.6.2   Generate Candidatures for Political System (1)

Construir un programa implementado en *xTend* para que, dada una expresión conforme a la gramática del ejercicio 3.6.1 genere un texto con la lista de candidaturas de cada ciudad ordenada (en lo posible) por edades que cumpla criterios de igualdad (aquella que permita hacer más larga la lista: *hombre-mujer-hombre-mujer...* o *mujer-hombre-mujer-hombre...*). En la siguiente página se incluye un ejemplo de una expresión conforme al DSL y el código generado correspondiente.

Expresión conforme al DSL:

```
Party 'Democrat' {
    acronym DP
    cities {
      City 'Washington' {
        pols ('Hillary Clinton',
              'Amy Klobuchar',
              'Dennis Kucinich')
      },
      City 'New York' {
        pols ('Joe Biden',
              'Andrew Cuomo',
              'Kirsten Gillibrand')
      }
    }
    pols {
      Politician 'Hillary Clinton'
      {age 68 sex female city 'Washington'},
      Politician 'Amy Klobuchar'
      {age 55 sex female city 'Washington'},
      Politician 'Dennis Kucinich'
      {age 68 sex male city 'Washington'},
      Politician 'Joe Biden'
      {age 72 sex male city 'New York'},
      Politician 'Andrew Cuomo'
      {age 55 sex male city 'New York'},
      Politician 'Kirsten Gillibrand'
      {age 48 sex female city 'New York'}
    }
}
```

```
Party 'Republican' {
    acronym RP
    cities {
      City 'Seattle' {
        pols ('Ben Carson',
              'Carly Fiorina',
              'Mike Huckabee',
              'Kelly Ayotte',
              'Jeb Bush',
              'Lindsey Graham',
              'Brian Sandoval',
              'Susana Martinez') }
```

```
    }
    pols {
      Politician 'Ben Carson'
      {age 63 sex male city 'Seattle'},
      Politician 'Carly Fiorina'
      {age 60 sex female city 'Seattle'},
      Politician 'Mike Huckabee'
      {age 59 sex male city 'Seattle'},
      Politician 'Kelly Ayotte'
      {age 46 sex female city 'Seattle'},
      Politician 'Jeb Bush'
      {age 62 sex male city 'Seattle'},
      Politician 'Lindsey Graham'
      {age 58 sex male city 'Seattle'},
      Politician 'Brian Sandoval'
      {age 51 sex male city 'Seattle'},
      Politician 'Susana Martinez'
      {age 55 sex female city 'Seattle'}
    }
}
```

Código generado (nota: fíjese que el primer candidato se elige de aquel sexo que es mayoría en el partido en la ciudad, es decir, es hombre si hay más hombres que mujeres y mujer en otro caso.

```
New York:
  Andrew Cuomo (57),
  Kirsten Gillibrand(48),
  Joe Biden (72)
Washington:
  Amy Klobuchar(55),
  Dennis Kucinich(68),
  Hillary Clinton(68)
Seattle:
  Brian Sandoval (51),
  Kelly Ayotte (46),
  Lindsey Graham (58),
  Carly Fiorina (60),
  Mike Huckabee (59)
```

3.6.3 Concrete Syntax Grammar for for Political System (2)

Sea la siguiente figura que representa la sintaxis abstracta de *PolCity*. Ésta representa la lista de partidos políticos (*party*), con la lista de políticos y políticas (*politicians*) adscritos al partido correspondiente, y la lista de políticos y políticas independientes (*politicians*), que se presentan en una ciudad (*city*). De entre los políticos se distinguen aquellos que ocupan cargo público (*public office*). También se indica explícitamente cuál de los políticos es presidente del partido. Construir una <u>gramática en **xText** para representar una sintaxis concreta</u> asociada a dicha sintaxis abstracta.

<u>Definir una expresión conforme a la gramática construida con este ejemplo</u>: en *Oslo,* el *Green Party* (*GP*) tiene 3 políticos: *John* (34), *Mary* (45) y *Larry* (23); el *Red Party* tiene otros 3: *Zack* (22), *Anne* (55) y *Jill* (33); y 2 políticos más independientes: *Manuela* (66) y *Alexis* (44). *Mary* es la presidenta del *Green Party* y *Anne* la del *Red Party*. *John* y *Anne* son, además, cargos públicos en el *Parliament of Norway,* mientras que *Alexis* es del *Government of Norway.*

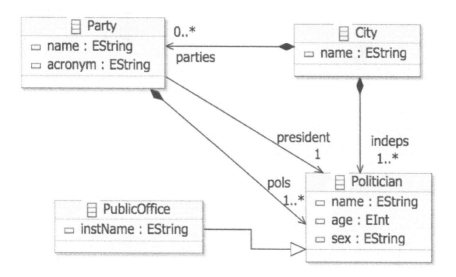

3.6.4 Generate text for Political System (2)

Construir un programa implementado en *xTend* para que, dada una expresión conforme a la gramática del ejercicio 3.6.3 genere un texto con la lista de políticos de cada ciudad ordenada por partidos y por edades. De la expresión correspondiente al ejemplo descrito anteriormente se obtiene el siguiente texto (se muestra un fragmento).

```
Oslo:
  Independents -> Alexis (44), Manuela (66)
  GP (Green Party) -> Larry (23), John (34), Mary (45)
  RP (Red Party) -> Zack (22), Jill (33), Anne (55)
```

3.7 Home Automation

3.7.1 Concrete Syntax Grammar for Home Automation

Sea la siguiente figura que representa la sintaxis abstracta de un DSL para un *sistema de automatización domótica*. Se modela un domicilio (*Home*), que contiene una lista de dispositivos (*Device*) que se tendrán en dicho domicilio, cada uno de los cuales puede tener varios estados (*State*). Además, en dicho domicilio hay una serie de reglas (*Rule*) que definen el comportamiento de sus dispositivos. En cada regla se indica que el cambio a un estado (*whenState*) de un dispositivo (*whenDevice*) desencadena que otro dispositivo (*thenDevice*) debe tener un estado específico (*thenState*). Construye una gramática en *Xtext* para representar la sintaxis concreta asociada a dicha sintaxis abstracta que aparece en el cuadro inferior. Se pide que se puedan intercalar las reglas y los dispositivos, pero si se encuentra dificultad en la resolución, supóngase que primero se indican los dispositivos y luego las reglas.

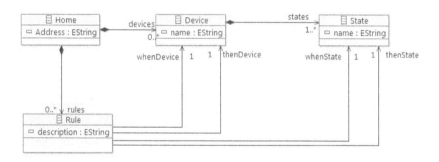

La siguiente expresión modela un domicilio en la calle *"1, Main Street"* que tiene en cuenta dos dispositivos diferentes: Calefacción (*Heating*) y Ventana (*Window*). La Calefacción puede estar encendida (*on*) o apagada (*off*). La ventana puede estar abierta (*open*) o cerrada (*closed*). En ese domicilio se van a implementar dos reglas sobre los dispositivos. Una regla descrita como 'Apagar la calefacción al abrir ventana' (*Switch off heating when the window is opened*) que se enunciaría como *Cuando la ventana se abre, la calefacción se apaga (automáticamente)*. Y una segunda regla descrita como 'cerrar ventana al encender la calefacción' (*Close the window when heating is turned on*) que se enunciaría como *Cuando la calefacción se enciende, la ventana se cierra (automáticamente)*.

Expresión conforme al DSL:

```
Home at '1, Main Street' :
Device Heating can be in (state ON
                          state OFF)
Device Window  can be in (state OPEN
                          state CLOSED)

Rule 'Switch off heating when the window is opened'
    when Window  becomes OPEN
            then Heating should be OFF
Rule 'Close the window when heating is turned on'
    when Heating becomes ON
            then Window should be CLOSED
```

3.7.2   Generate java code for Home Automation

Construir un programa implementado en *xTend* para que, dada una expresión conforme a la gramática del ejercicio 3.7.1 (se incluye a continuación), genere un fichero java. Este fichero *java* implementará el funcionamiento de cada uno de los dispositivos (nota: debería haber un fichero java por cada dispositivo, pero es suficiente con que se haga la función *main* correspondiente a uno de ellos). A continuación, se incluye un ejemplo de una expresión conforme al DSL y el código generado correspondiente.

```
Model:
  'Home at' address=STRING ':' states+=State+
declarations+=Declaration*;

Declaration :
  Device | Rule;

Device :
  'Device' name=ID 'can' 'be' 'in' '(' states+=[State]* ')';

State :
  'state' name=ID;

Rule:
  'Rule' description=STRING
    'when' whenDevice=[Device] 'becomes' whenState=[State]
    'then' thenDevice=[Device] 'should be' thenState=[State];
```

Expresión conforme al DSL:

```
Home at '1, Main Street' :
    state ON state OFF state OPEN state CLOSED

Device Heating can be in (ON OFF)
Device Window  can be in (OPEN CLOSED)

Rule 'Switch off heating when the window is opened'
    when Window  becomes OPEN then Heating should be OFF
Rule 'Close the window when heating is turned on'
    when Heating becomes ON then Window should be CLOSED
```

Código generado asociado a la expresión anterior (Nota: solo se incluye el fichero Heating.java. El fichero Window.java es idéntico).

Heating.java

```java
public class Heating {
  public static void fire(String event) {

    //Devices
    if (event.equals("ON")) {
      System.out.println("Heating is now ON!"); }
    if (event.equals("OFF")) {
      System.out.println("Heating is now OFF!"); }
    if (event.equals("OPEN")) {
      System.out.println("Window is now OPEN!"); }
    if (event.equals("CLOSED")) {
      System.out.println("Window is now CLOSED!"); }

    //Rules
    if (event.equals("OPEN")) {fire("OFF"); }
    if (event.equals("ON")) {fire("CLOSED"); }
  }

  public static void main(String[] args) {
    try (java.util.Scanner scanner
            = new java.util.Scanner(System.in)) {
      System.out.println("Welcome home!");
      System.out.println("Available commands : ");
      System.out.println("  Heating ON" );
      System.out.println("  Heating OFF" );
      System.out.println("  Window OPEN" );
      System.out.println("  Window CLOSED" );
      System.out.println("Have fun!");
      while(true) {
        String command = scanner.next();
```

```
        //For Device Heating
        if (command.equalsIgnoreCase("Heating")) {
          String secondaryCommand = scanner.next();
          if (secondaryCommand.equalsIgnoreCase("ON")) {
            fire("ON"); }
          else
          if (secondaryCommand.equalsIgnoreCase("OFF")) {
            fire("OFF"); }
          else {
            System.out.println("Heating can only have the
following states: ON,OFF");}
        }

        //For Device Window
        if (command.equalsIgnoreCase("Window")) {
          String secondaryCommand = scanner.next();
          if (secondaryCommand.equalsIgnoreCase("OPEN")) {
            fire("OPEN"); }
          else
           if (secondaryCommand.equalsIgnoreCase("CLOSED"))
             {fire("CLOSED"); }
          else {
            System.out.println("Window can only have the
following states: OPEN,CLOSED");}
        }
        if (command.equalsIgnoreCase("bye")) {
          System.out.println("Ciao!");
          break;
        }
      }
    }
  }
}
```

3.8   Blogs

3.8.1   Concrete Syntax Grammar for Blogs

Sea la siguiente figura que representa la sintaxis abstracta de un DSL para un *log de la web (blog)*. Un blog es una especie de cuaderno o diario donde uno o varios usuarios escriben sus reflexiones, opiniones, etc. acerca de un tema de su interés. Un blog contiene artículos (*post*), con su título, contenido y fecha de publicación. Los usuarios registrados de un blog son editores (*editor*) o lectores (*reader*), los primeros editan artículos (*post*) y comentarios (*comment*), y los lectores únicamente pueden escribir comentarios (*comment*). Los artículos (*post*) pueden tener varios comentarios y cada comentario (*comment*) también puede tener comentarios asociados. Construye una gramática en **Xtext** para representar la sintaxis concreta asociada a dicha sintaxis abstracta y que aparece en el cuadro inferior.

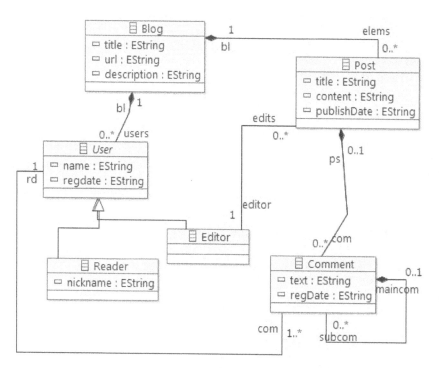

La siguiente expresión modela un blog que tiene dos usuarios editores y dos lectores. Tiene tres artículos (*post*): el primero con dos comentarios, el tercero no tiene ninguno, y el segundo tiene cuatro comentarios, uno de los cuales a su vez tiene otros comentarios asociados.

<u>Nota</u>:   el tercer artículo (*post*) no tiene comentarios, luego la etiqueta 'comments' (con su estructura) no aparece en la expresión.

Expresión conforme al DSL:

```
blog {
  title: 'easy dessert recipes'
  users : [
    {name: 'john' regDate: '2013-03-01'}
    {name: 'mary' regDate: '2013-03-01'}
    {name: 'peter' regDate: '2013-08-31' nickname: 'pete'}
    {name: 'anne' regDate: '2014-01-12' nickname: 'ania'}
  ]
  posts : [
    {title: 'apple strudel'
     content: 'ingredients: flour, apple, ...'
     date: '2013-03-05'
     editor: john
     comments:  [ { content: 'Awesome! ...'
              writer: peter
                 comDate: '2013-03-06' }
               { content: 'I need help ...'
                 writer: anne
                 comDate: '2014-01-22' }
          ]
    }
    {title: 'cheese cake'
     content: 'ingredients: sugar, cheese, ...'
     date: '2013-12-15'
     editor: mary
     comments:  [ { content: 'A doubt  ...'
               writer: peter
               comDate: '2014-01-26' }
             { content: 'I like it ...'
               writer: anne
               comDate: '2014-02-12' }
             { content: 'I have another ...'
               writer: peter
```

```
                    comDate: '2014-03-10'
                    comments:  [ { content: 'It is easy ...'
                        writer: mary
                            comDate: '2013-03-11'
                            comments:  [ { content:
'But ...'
                                    writer: peter
                                        comDate: '2013-04-
11' } ]
                            }
                            { content: 'You can try...'
                                writer: john
                                comDate: '2013-03-12' }
                            ]
                        }
                        { content: 'If you want ...'
                            writer: john
                            comDate: '2014-12-10' }
                        ]
                    }
                {title: 'plum cake'
                 content: 'ingredients: sugar, flour, ...'
                 date: '2013-10-15'
                 editor: john
                 }
            ]
}
```

3.8.2   Generate xml code for Blogs

Construir un programa implementado en *xTend* para que, dada una expresión conforme a la gramática del ejercicio 3.8.1 (se incluye a continuación), genere un fichero xml. En las siguientes páginas se incluye un ejemplo de una expresión conforme al DSL y el código generado correspondiente. Nota: tener en cuenta que en el código xml generado únicamente deben aparecer los comentarios iniciales (relacionados directamente a artículos).

```
Model:
  'blog' '{'
  'title' ':' name=STRING
  ('users' ':' '[' users += User+ ']')?
  ('posts' ':' '[' posts += Post+ ']')?
  '}';

User:
  Editor | Reader;

Editor:
  '{'
    'name' ':' name = STRING
    'regDate' ':'  regDate = STRING
  '}' ;

Reader:
  '{'
    'name' ':' name = STRING
    'regDate' ':'  regDate = STRING
    'nickname' ':' nick = STRING
  '}' ;

Post:
  '{'
    'title' ':' name = STRING
    'content' ':' content = STRING
    'date' ':'  date = STRING
    'editor' ':' editor = [Editor]
    ('comments' ':' '[' comments += Comment+ ']')?
  '}' ;

Comment:
  '{'
    'content' ':' content = STRING
    'writer' ':' writer = [User]
    'comDate' ':' regDate = STRING
    ('comments' ':' '[' subcom += Comment+ ']')?
  '}';
```

Expresión conforme al DSL:

```
blog {
  title: 'easy dessert recipes'
  users : [
    {name: 'john' regDate: '2013-03-01'}
    {name: 'mary' regDate: '2013-03-01'}
    {name: 'peter' regDate: '2013-08-31' nickname: 'pete'}
    {name: 'anne' regDate: '2014-01-12' nickname: 'ania'}
  ]
  posts : [
    {title: 'apple strudel'
     content: 'ingredients: flour, apple, ...'
     date: '2013-03-05'
     editor: john
     comments:  [ { content: 'Awesome! ...'
             writer: peter
                comDate: '2013-03-06' }
               { content: 'I need help ...'
                 writer: anne
                 comDate: '2014-01-22' }
            ]
    }
    {title: 'cheese cake'
     content: 'ingredients: sugar, cheese, ...'
     date: '2013-12-15'
     editor: mary
     comments:  [ { content: 'A doubt  ...'
                 writer: peter
                 comDate: '2014-01-26' }
               { content: 'I like it ...'
                 writer: anne
                 comDate: '2014-02-12' }
               { content: 'I have another ...'
                 writer: peter
                 comDate: '2014-03-10'
                 comments: [ { content: 'It is easy ...'
                    writer: mary
                       comDate: '2013-03-11'
                       comments:    [   {   content:
'But ...'
                                 writer: peter
                                 comDate:   '2013-04-
11' } ]
```

```
                              }
                            { content: 'You can try...'
                              writer: john
                              comDate: '2013-03-12' }
                          ]
                }
              { content: 'If you want ...'
                 writer: john
                 comDate: '2014-12-10' }
           ]
    }
  {title: 'plum cake'
   content: 'ingredients: sugar, flour, ...'
   date: '2013-10-15'
   editor: john
   }
 ]
}
```

Código generado asociado a la expresión anterior: blog.xml

```xml
<blog title="easy dessert recipes">
<post id="1" title="apple strudel">
    <text>ingredients: flour, apple, ...</text>
    <editor regdate="2013-03-01">john</editor>
    <comments>
      <comment>Awesome! ...</comment>
      <comment>I need help ...</comment>
    </comments>
</post>
<post id="2" title="cheese cake">
    <text>ingredients: sugar, cheese, ...</text>
    <editor regdate="2013-03-01">mary</editor>
    <comments>
      <comment>A doubt  ...</comment>
      <comment>I like it ...</comment>
      <comment>I have another ...</comment>
      <comment>If you want ...</comment>
    </comments>
</post>
<post id="3" title="plum cake">
    <text>ingredients: sugar, flour, ...</text>
    <editor regdate="2013-03-01">john</editor>
</post>
</blog>
```

3.9   BPMN

3.9.1   Concrete Syntax Grammar for BPMN

Sea la siguiente figura que representa la sintaxis abstracta de **un proceso BPMN simplificado**. Se modela un proceso (*Model*) enumerando todas las actividades (*Activity*), bloques (*Block*) y puertas de enlace (*Gateways*) que contiene junto con el orden en que se tienen que ejecutar cada uno de ellos. Los elementos compuestos (bloques y puertas de enlace) deben hacer referencia a los elementos que contienen (bloques, puertas de enlace y/o actividades). La diferencia principal entre los elementos que se presentan es que los bloques contienen elementos que se ejecutan en secuencia, mientras que las puertas de enlace se refieren a elementos que se ejecutan en paralelo.

Construye una gramática en *xText* para representar la sintaxis concreta asociada a la sintaxis abstracta que aparece en la figura inferior, cumpliendo la sintaxis concreta que se muestra en los ejemplos inferiores. El orden en que aparecen los elementos básicos es el que aparece en la expresión.

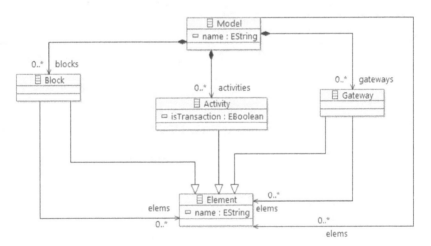

A continuación, en la siguiente página, se muestran dos expresiones textuales, al lado de cada una se ha indicado su correspondiente expresión gráfica. La primera expresión modela el proceso BPMN que comienza por una actividad (A01) luego hay una puerta de enlace paralela (G01)

que da lugar a tres bloques que se ejecutan simultáneamente (B02, B05 y B06) hasta llegar a un punto de sincronización. Finalmente, se termina con la actividad A11. Los bloques B05 y B06 solo tienen actividades que se ejecutan en secuencia (A06, A07 y A08; A09 y A10, respectivamente). El bloque B02, comienza por la actividad A02, luego un bloque (B04) y una actividad (A03) que se ejecutan en paralelo (delimitados por la puerta de enlace G02 y el punto de sincronización) y finaliza con la actividad A05.

Expresión conforme al DSL:

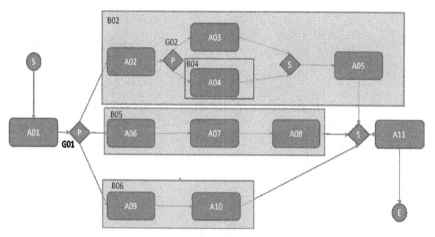

```
Activities:
    Activity A01
    Activity A02
    Activity A03
    Activity A04
    Activity A05
    Activity A06
    Activity A07
    Activity A08
    Activity A09
    Activity A10
    Activity A11
Blocks:
    Block B02 (A02 G02 A05)
    Block B04 (A04)
    Block B05 (A06 A07 A08)
    Block B06 (A09 A10)
```

```
Gateways:
   Parallel Gateway G01 (B02 B05 B06) Synchro
   Parallel Gateway G02 (A03 B04) Synchro
Diagram MyDiagram Start A01 G02 A11 End
```

En la segunda expresión se modela el proceso BPMN que realiza en primer lugar una actividad A1 al principio y al final del mismo. Después de la primera actividad, se realiza en paralelo tanto la actividad A2 como el bloque B1, que a su vez está compuesto por una única actividad (A3).

Expresión 2 conforme al DSL:

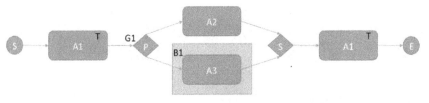

```
Activities:
   Activity A1 is a transaction
   Activity A2
   Activity A3
Blocks:
   Block B1 (A3)
Gateways:
   Parallel Gateway G1 (A2 B1) Synchro
Diagram Diagram02 Start A1 G1 A1 End
```

3.9.2   Generate java code for BPMN

Construir un programa implementado en *xTend* para que, dada una expresión conforme a la gramática del ejercicio 3.9.1 (se incluye a continuación), genere un paquete con varios ficheros java: (1) un fichero con el programa principal llamado como el diagrama, (2) una clase java por cada actividad, bloque y puerta de enlace del diagrama. Este paquete java implementa el funcionamiento del proceso representado.

Más abajo se incluye un ejemplo de una expresión conforme al DSL y el código generado correspondiente.

Gramática en Xtext:

```
Model:
    {Model}
    'Activities:' activities += Activity*
    'Blocks: ' blocks += Block*
    'Gateways: ' gateways += Gateway*
    'Diagram' name=ID 'Start' elems += [Element]+ 'End';

Element:
    Activity|Block|Gateway;

Activity:
    'Activity' name=ID
    isTransaction?= 'is a transaction'?;

Block:
    'Block' name=ID
    '(' elems+=[Element]+ ')' ;

Gateway:
    'Parallel Gateway' name=ID '(' elems+=[Element]+ ')'
'Synchro';
```

Expresión conforme al DSL:

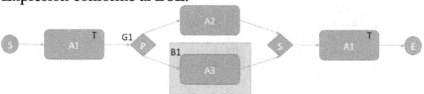

```
Activities:
    Activity A1 is a transaction
    Activity A2
    Activity A3
Blocks:
    Block B1 (A3)
Gateways:
    Parallel Gateway G1 (A2 B1) Synchro
Diagram Diagram02 Start A1 G1 A1 End
```

Código generado asociado a la expresión anterior (Nota: solo se incluye una clase actividad, bloque, gateway y main).

Diagram02.java

```java
package bpmn.executor.diagram02;
public class Diagram02 {
    public static void main (String[] args) {
        System.out.println("Process Diagram02 Started");
        System.out.println("Thread started:::"
            +Thread.currentThread().getName());
        new A1().run();
        new G1().run();
        new A1().run();
        System.out.println("Thread ended:::"
            +Thread.currentThread().getName());
        System.out.println("Process Diagram02 Ended");
    }    }
```

A1.java (el código para A2.java y A3.java es solo cambia el nombre de las clases)

```java
class A1 implements Runnable{
    @Override //substitute run method with the actual one
    public abstract void beginTransaction();//Only if it is a transaction
    public abstract void endTransaction(); //Only if it is a transaction
    public abstract void abortTransaction();//Only if it is a transaction
    public abstract void rollbackTransaction();//Only if it is a trans
    public void run() {
        beginTransaction();
        System.out.println("Activity A1 Started");
        try {Thread.sleep(4000);
        } catch (InterruptedException e){
          e.printStackTrace();
          rollbackTransaction();}
          System.out.println("Activity A1 Ended");
          endTransaction();
    }    }
```

B1.java

```java
class B1 implements Runnable{
    @Override
    public void run() {
        System.out.println("Block B1 Started");
        System.out.println("Thread started:::"
            +Thread.currentThread().getName());
        new A3().run();
        System.out.println("Thread ended:::"
            +Thread.currentThread().getName());
        System.out.println("Block B1 Ended");
    }
}
```

G1.java

```java
class G1 implements Runnable{
  @Override
  public void run() {
    System.out.println("Parallel gateway G1 creating threads");
    System.out.println("Thread started:::"
      +Thread.currentThread().getName());
    Thread h1 = new Thread(new A2(),"A2");
    Thread h2 = new Thread(new B1(),"B1");
    h1.start();
    h2.start();
    try {
      h1.join();
      h2.join();
    } catch (InterruptedException e) {
      e.printStackTrace(); }
    System.out.println("Thread ended:::"
        +Thread.currentThread().getName());
    System.out.println("Syncro gateway G1 Ended");
    }
}
```

3.10 Projects

3.10.1 Concrete Syntax Grammar for Projects

Sea la siguiente figura que representa la sintaxis abstracta de un DSL para describir *las actividades y recursos de proyectos*[8]. Se modela un proyecto con varias actividades, donde las actividades pueden ser tareas (*task*) o hitos (*milestones*). Las actividades se identifican con un nombre (*name*, un identificador) y un nombre externo (*extname*, un string) y tienen varios atributos: *start*, *end*, *description*, *effort* y *cost*. El atributo *cost* indica el coste económico de la tarea. El valor que incluye *cost*, se matiza con el valor de *costtyp*, que, si contiene el valor *perday*, indica que es el coste diario, mientras que si contiene *atend*, se refiere al total al final de la actividad. La diferencia entre tareas e hitos es que estos últimos no tienen duración (atributo *duration*) asignada y que las tareas pueden estar compuestas de otras tareas y además las tareas pueden tener asignados varios recursos. Los recursos (*resource*) se identifican con un identificador (*name*) y tienen un nombre externo (*extname*) y dos atributos opcionales alternativos (*rate* o *efficiency*, que indican tasa y eficiencia, respectivamente).

Construye una gramática en *xText* para representar la sintaxis concreta asociada a la sintaxis abstracta que aparece en la figura inferior, cumpliendo la sintaxis concreta que se muestra en el ejemplo inferior.

---

[8] Source:
http://taskjuggler.org/tj3/manual/Tutorial.html
http://taskjuggler.org/download/TaskJuggler-Workshop.pdf

© T. A. Pérez Fernández & A. Irastorza Goñi

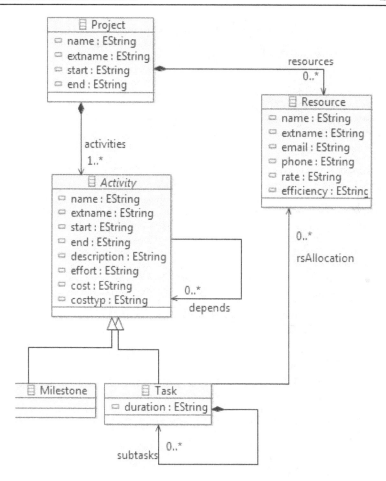

A continuación, en la siguiente página, se muestra una expresión textual conforme al DSL. Modela un proyecto que tiene 2 tareas (*software* y *test*) y 3 hitos (*prstart*, *prev*, *beta*). La segunda de las tareas, a su vez, tiene otras dos subtareas (*alpha*, *beta*). Entre las tareas e hitos hay ciertas dependencias, p.e. la tarea *software* depende del hito *prstart*, o el hito *beta* depende de la tarea *test*. Además, en el proyecto se han definido 5 recursos, algunos de los cuales se han asignado a las tareas.

Expresión conforme al DSL:

```
project myProject 'My First Project'
   start '2005-11-01'
   end   '2006-03-31'
```

```
   task software 'Software Development' {
      start '2005-11-20'
      end '2006-02-15'
      description 'a description of ...'
      effort '6w'
      cost  '2000' perday
      duration '100d'
      depends prstart
      allocate  doc dev2 dev3
      // No subtasks
   }
```

```
   task test "Software testing" {
      start '2005-11-20'
      end '2006-02-15'
      description 'a description of ...'
      effort '4w'
      cost  '500' perday
      duration '100d'
      //No depends
      allocate testdoc
      // Subtask 1
      task alpha "Alpha Test" {
         start '2005-11-20'
         end '2006-02-15'
         description 'Most bugs will be found and ...'
         effort '4w'
         cost  '500' perday
         duration '100d'
         depends software
         allocate testdoc dev2
```

```
        // No subtasks
    }
    // Subtask 2
    task beta "Beta Test" {
        start '2005-01-20'
        end  '2006-02-15'
        description 'a description of ...'
        effort '4w'
        cost  '500' perday
        duration '100d'
        depends alpha
    // No allocate
    // No subtasks
    } }
```

```
task prstart "Project start" milestone {
    start '2005-11-02'
    end  '2006-02-15'
    description 'a description of ...'
    effort '6w'
    cost '2100' attend
//No depends            }
```

```
task prev "Technology Preview" milestone {
    start '2006-01-01'
    end  '2006-02-15'
    description 'All major features should be usable.'
    effort '2w'
    cost '2000' attend
//No depends            }
```

```
task beta "Beta version" milestone {
    start '2006-01-21'
    end  '2006-02-15'
    description "Fully functional, may contain bugs."
    effort '10d'
```

```
    cost '13000' atend
    depends test                    }
```

```
resource boss 'Paul Bullock' {
  email 'phb@softw.com'
  phone 'x100'
  rate '480'                      }
resource dev2 'John Bono' {
  email 'jbono@softw.com'
  phone '234'
  efficiency '480'
}
resource dev3 "Klaus Martin" {
  email 'kmartin@softw.com'
  phone '490'
  rate '300'                    }
resource testdoc "Peter Murphy" {
  email 'murphy@softw.com'
  phone '666'
  rate '310'
}

resource doc "Dim Sung" {
  email 'sung@softw.com'
  phone 'x482'
  rate '300'              }
```

3.11 Message Internationalization

3.11.1 Concrete Syntax Grammar for internationalization of messages

Sea la siguiente figura que representa la sintaxis abstracta de *mensajes de un sistema de Información internacionalizado*. Se modela un programa (*Model*) al que se denomina por un identificador y que tiene varios mensajes de salida (*Message*). Cada uno de los mensajes tiene un identificador y varias traducciones equivalentes (*Translation*) en varios idiomas; por ejemplo, en la primera expresión, los identificadores de mensaje son *switchOn, wrong* y *wait*. La información de localización (*Locale*) especifica el **idioma** que se debe utilizar para el mensaje, de entre todos los disponibles (si no, el idioma por defecto), o incluso podría ser una posible **variante** dentro del idioma. La organización internacional de estándares ha definido sendos documentos para reconocer todos los posibles idiomas (ISO-639) y países (ISO-3166). Para simplificar, nosotros solo consideraremos cinco idiomas (se indica su código entre paréntesis): *alemán* (de), *español* (es), *euskera* (eu), *francés* (fr), *inglés* (en); siete países *Alemania* (DE), *Canadá* (CA), *Chile* (CL), *España* (ES), *Estados Unidos* (US), *Francia* (FR) y *Gran Bretaña* (GB); y algunas variantes de España y Francia (en *Spanish_Locale* y *French_Locale*, respectivamente).

En los países, se pueden hacer subdivisiones extra a nivel político. Cada país toma la decisión de cómo referirse esas subdivisiones. Por ejemplo, en España se pueden indicar las comunidades autónomas (así, *País Vasco*-PV, *Navarra*-NC, *Castilla y León*-CL, *Cataluña*-CA...), o provincias (*Álava*-VI, *Bizkaia*-BI, *Gipuzkoa*-SS, *Navarra*-NA...). En Francia, las regiones se representan con tres caracteres (*Aquitania*-NAQ, *Ile de France*-IDF...), y las provincias con números (*Landes*-40, *Pyrenées Atlantiques*-64...). De las variantes, únicamente consideramos las ya nombradas de España y Francia. El nombre de un *locale* para nosotros solo es un identificador (por ejemplo, *en_US, en_CA, eu_ES_BI* y *eu_FR_64*), aunque suele estar formado por el idioma, el país y opcionalmente una variante (por ejemplo, *en_US* y *en_CA* representan el inglés de EEUU y de Canadá, respectivamente, y *eu_ES_BI* y *eu_FR_64,* representan el euskera de Bizkaia y el de Iparralde, respectivamente).

Construye una gramática en *Xtext* para representar la sintaxis concreta asociada a la sintaxis abstracta que aparece en la figura inferior, cumpliendo la sintaxis concreta que se muestra en los ejemplos siguientes. El orden en que aparecen los elementos básicos es el que aparece en la expresión. A continuación, se muestran dos expresiones textuales.

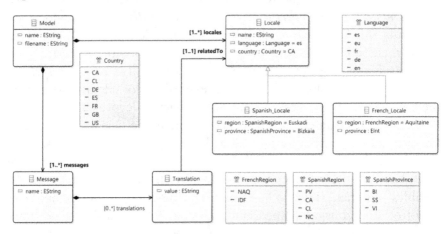

Expresión 1 conforme al DSL:

```
Program I18nSample is internationalized for
  esPANOL_ESpana Language: es Country: ES,
  esPANOL_ChiLe Language: es Country: CL,
  enGLISH_GreatBritain Language: en Country: GB,
  enGLISH_USa Language: en Country: US,
  deUTSCH_DEutschland Language: de Country: DE,
  frANCAIS_FRance Language: fr Country: FR.

The Message filename should start with "Surname_Messages":
  Message switchOn is translated as:
    'Please, connect your cell phone' in enGLISH_USa
    'Please, connect your mobile phone' in enGLISH_GreatBritain
    'Por favor, conecte su telefono movil' in esPANOL_ESpana
    'Por favor, conecte su celular' in esPANOL_ChiLe
    'Mach Ihre Handy ein, Bitte ' in deUTSCH_DEutschland
    "Allume son portable, s'il vous plait" in frANCAIS_FRance,
  Message wrong is translated as:
    'You are wrong' in enGLISH_USa
    'You are wrong' in enGLISH_GreatBritain
    'Vos estás errado' in esPANOL_ChiLe
    'Ud. se ha equivocado' in esPANOL_ESpana
    'Du bist falsch' in deUTSCH_DEutschland
    'Vous avez tort' in frANCAIS_FRance,
  Message wait is translated as:
```

```
'This will take several minutes' in enGLISH_USa
'This will last several minutes' in enGLISH_GreatBritain
'Este proceso se demorará varios minutos' in esPANOL_ChiLe
'Este proceso durará varios minutos' in esPANOL_ESpana
'Dieser Vorgang dauert einige Minuten' in deUTSCH_DEutschland
'Ce procesus prendra plusieurs minutes' in frANCAIS_FRance
```

Esta expresión modela los mensajes del programa *I18nSample* que tiene 5 versiones locales de 3 mensajes distintos. Las traducciones corresponden a dos en castellano (de España y de Chile), una de inglés de EEUU, una en francés de Francia y otra en alemán de Alemania. Los identificadores para cada uno de los mensajes son *switchOn*, *wrong* y *wait*.

Expresión 2 conforme al DSL:

```
Program Program2 is internationalized for
  GipuzkoakoEuskara  Language: eu Country: ES Gipuzkoa,
  BizkaiakoEuskara   Language: eu Country: ES Bizkaia,
  IparraldekoEuskara Language: eu Country: FR 64, //Watch out! It is a number
  Castellano         Language: es Country: ES,
  Francais           Language: fr Country: FR Ile De France.

The Message filename should start with "Mezuak":
  Message saturday is translated as:
    'larunbata' in GipuzkoakoEuskara
    'zapatua' in BizkaiakoEuskara
    'neskeneguna' in IparraldekoEuskara
    'sabado' in Castellano
    'Samedi' in Francais,
  Message sheetQuantity is translated as:
    'Mesedez, esan izotz gehiago nahi baduzu' in GipuzkoakoEuskara
    'Mesedez, esan lei gehiago gura badozu' in BizkaiakoEuskara
    'Arren, erran horma gehiago nahi baduzu' in IparraldekoEuskara
    'Por favor, indique si desea mas hielo' in Castellano
    "S'il vous plait, indiquez si vous voulez plus de glace" in
Francais,
  Message word is translated as:
    'kudeatzailearekin hitz egin, mesedez' in GipuzkoakoEuskara
    'kudeatzailearekin berba egin, mesedez' in BizkaiakoEuskara
    'kudeatzailearekin ele egin, arren' in IparraldekoEuskara
    'por favor, comuníquese con el administrador' in Castellano
    "s'il vous plait, contactez l'administrateur" in Francais
```

Esta expresión representa mensajes en diferentes dialectos de euskara, castellano y francés (en *SpanishLocale* y *FrenchLocale*). Los identificadores de las provincias se hacen de manera textual en el idioma correspondiente, a no ser que sea un número: *Bizkaia, Gipuzkoa, Ile de France, 64* (en lugar de BI, SS, IDF o *Pyrenees Atlantiques*, respectivamente)

3.11.2 Generate java code for message configuration

Construir un programa implementado en *xTend* para que, dada una expresión conforme a la gramática del ejercicio 3.11.1 (se incluye a continuación), genere varios ficheros: (1) un fichero java con el programa principal llamado como el nombre del modelo, (2) tantos ficheros de propiedades como *locales* se definen en la expresión considerando únicamente lengua y país (es decir, ignorando las referencias a regiones y/o provincias). Más abajo se incluye un ejemplo del código generado correspondiente a la expresión 1 conforme al DSL. Modifica dicha expresión para que los nombres de los ficheros de propiedades comiencen por "Apellido_Messages".

Gramática en Xtext:

```
Model:
    'Program' name=ID
    'is' 'internationalized' 'for'
    locales+=Locale (',' locales+= Locale)* '.'
    'The' 'Message' 'filename'
    'should' 'start' 'with' filename=STRING ':'
    messages+=Message (',' messages+=Message)*;

Locale:
    JustLocale | French_Locale | Spanish_Locale;

JustLocale:
    name=ID
    'Language:' language=Language
    'Country:' country=Country;

French_Locale:
    name=ID
    'Language:' language=Language
    'Country:' country=Country
    (region=FrenchRegion //64=Pyrenees Atlantiques
    |province=INT); //40=Landes
```

```
Spanish_Locale:
   name=ID
   'Language:' language=Language
   'Country:' country=Country
   (region = SpanishRegion | province=SpanishProvince);

Message:
   'Message' name=ID
   'is''translated' 'as:' translations += Translation*;

Translation:
   value=STRING 'in' relatedTo=[Locale];

enum Language : // Follow ISO-639-1 for more options
   es="es" | eu='eu' | fr='fr' | de='de' | en='en';
enum Country :  //Follow ISO-3166 for more options
   CA='CA'|CL='CL'|DE='DE'|ES='ES'|FR='FR'|GB='GB'|US='US';
enum FrenchRegion:
   NAQ = 'Aquitaine' | IDF = 'Ile De France';
enum SpanishRegion:
   PV='Euskadi'|CA='Cataluna'|
   CL='Castilla y Leon'| NC='Navarra';
enum SpanishProvince:
   BI='Bizkaia'|SS='Gipuzkoa'|VI='Araba';
```

Código generado asociado a la expresión 1 anterior

I18nSample.java

```java
import java.util.Locale;
import java.util.ResourceBundle;
import java.util.Scanner;

public class I18nSample{     //Program name

   static public void main(String[] args) {

      String language;
      String country;

      java.util.Scanner scanner = new Scanner(System.in);
      System.out.print("Identify the language: [es, en, de, fr]:
"); //only those available
      language = scanner.nextLine();
      if (!language.contentEquals("es")    //only those indicated in the expression
         && !language.contentEquals("en")
         && !language.contentEquals("de")
         && !language.contentEquals("fr"))
        language = new String("es");     //by default, the language in the first locale
```

```
    System.out.print("Identify your Country: [ES, CL, GB, US,
DE, FR]: "); //only those available
    country = scanner.nextLine();
    if (!country.contentEquals("ES")        //only those indicated in the expression
        && !country.contentEquals("CL")
        && !country.contentEquals("GB")
        && !country.contentEquals("US")
        && !country.contentEquals("DE")
        && !country.contentEquals("FR"))
      country = new String("ES"); //by default, the country in the first locale
    scanner.close();

    Locale currentLocale;
    ResourceBundle messages;

    currentLocale = new Locale(language, country);

    messages = ResourceBundle.getBundle("Surname_Messages",
currentLocale);
    System.out.println(messages.getString("switchOn")); //one
line per message
    System.out.println(messages.getString("wrong"));
    System.out.println(messages.getString("wait"));
  }
}
```

Surname_Messages_es_ES.properties

```
#Message properties for locale es_ES
switchOn = Por favor, conecte su telefono móvil   //one line per message
wrong    = Ud. se ha equivocado
wait     = Este proceso durara varios minutos
```

Surname_Messages_es_CL.properties

```
#Message properties for locale es_CL
switchOn = Por favor, conecte su celular   //one line per message
wrong    = Vos estás errado
wait     = Este proceso se demorará varios minutos
```

Surname_Messages_en_GB.properties

```
#Message properties for locale en_GB
switchOn = Please, connect your mobile   //one line per message
wrong    = You are wrong
wait     = This will last several minutes
```

Surname_Messages_en_US.properties

```
#Message properties for locale en_US
switchOn = Please, connect your cell phone    // one line per message
wrong    = You are wrong
wait     = This will take several minutes
```

Surname_Messages_de_DE.properties

```
#Message properties for locale de_DE
switchOn = Mach Ihre Handy ein, Bitte    // one line per message
wrong    = Du bist falsch
wait     = Dieser Vorgang dauert einige Minuten
```

Surname_Messages_fr_FR.properties

```
#Message properties for locale fr_FR
switchOn = Allume son portable, s'il vous plait
wrong    = Vous avez tort
wait     = Ce procesus prendra plusieurs minutes
```

4. SPLE

4.1 Calendars

4.1.1 Variability of Calendars

Crear el diagrama de características que modela la variabilidad del siguiente dominio: *creación de calendarios en una empresa gráfica.*

Sea una empresa gráfica en la que la actividad principal es la creación de calendarios. Los clientes pueden elegir el tipo de calendario (normal, de planificación); la ubicación destino (bolsillo, sobremesa, pared); el tamaño en cm (5x9, 10x22, 11x25, 22x30, 30x45, 35x60); la orientación (vertical, horizontal); el volumen (monopágina o multipágina); primer día de la semana (lunes o domingo); idioma en el que aparecerán los meses y los días de la semana (castellano, English, euskara). Opcionalmente se pueden añadir varios extras (santoral, festivos y fases de la luna). El calendario se imprime en papel de 200 g/m² de grosor y acabado en mate con uno o varios accesorios (sobre, colgador, anillas, caja de metacrilato).

Los calendarios son de tipo normal por defecto, a no ser que se especifique la opción de planificación. Los tamaños son específicos para cada ubicación. Así el primer tamaño es para los de bolsillo, los dos siguientes son para los de sobremesa y el resto para los de pared. Es posible seleccionar hasta 3 idiomas. El equipo gráfico está trabajando en aumentar la selección de idiomas disponibles. En la empresa gráfica se decide unilateralmente qué accesorios lleva el calendario y el grosor del papel siguiendo las siguientes restricciones: los calendarios que llevan anillas son multipágina; los que tienen colgador tienen que llevar anillas y son de pared; los multipágina de sobremesa son los únicos que pueden llevar caja de metacrilato. En la actualidad los calendarios solo se entregan en papel mate de un único grosor, aunque se está explorando la posibilidad de ofrecer otros grosores de papel y acabados dependiendo de las opciones elegidas.

4.2   Insurance products

4.2.1   Variability of Insurance products

Crear el diagrama de características para el dominio que se describe a continuación.

Sea una agencia aseguradora que ofrece diferentes variantes de sus productos de aseguramiento. La agencia no contempla la posibilidad de seguros combinados, de manera que si un cliente considera que desea cubrir varios riesgos tendrá que suscribir tantos productos como considere. Así, sus clientes pueden elegir entre seguro de vida, seguro de viviendas o seguro de vehículos. Los seguros de vida permiten compensar a ciertas personas beneficiarias en caso de muerte del sujeto asegurado. En algunos casos, se pueden incluir el riesgo de invalidez, que incorpora una compensación no solo cuando el asegurado muera sino también cuando se determine su invalidez o incapacidad laboral. Los seguros de vivienda aseguran el contenido de la vivienda, el continente o ambos. El continente se refiere al local o edificación, mientras que el contenido se ocupa de la decoración, muebles, enseres, libros, electrodomésticos, etc. Entre los seguros de vehículos están las modalidades a todo riesgo y a terceros. Estos últimos se pueden completar con opciones extra que aseguran el vehículo contra robo, rotura de lunas, y/o que aseguran el uso del vehículo proporcionando un vehículo de sustitución en caso de avería.

Para calcular la prima que tiene que pagar el tomador del seguro, se necesita establecer el perfil del cliente. Para ello interroga al asegurado con preguntas sobre sus hábitos, situación económica y demás. Del resultado de la encuesta, se asigna al asegurado un perfil de riesgo (bajo, medio, alto). Cada producto de aseguramiento tiene una prima a pagar. Dependiendo del perfil de riesgo asignado se establece un porcentaje de recargo sobre la tarifa básica (para cada perfil de riesgo, respectivamente: 0%, 50% y 150%). El perfil del cliente establece también ciertas restricciones sobre los productos de aseguramiento que se pueden contratar con el asegurado. Por ejemplo, no se permite contratar seguros de vida con riesgo de invalidez ni seguros de vehículos a todo riesgo para aquellos asegurados con perfil de riesgo alto.

4.3   Electrodomestic Repair Application System

Se desea crear una línea de productos software. Los productos resultantes están encaminados a ofrecer infraestructura para la reparación in situ de todo tipo de objetos electrónicos como aparatos de TV, VCR, DVD player, BlueRay, cadenas de música.... Cada miembro de la línea de productos tiene tres elementos de software diferenciados: una *aplicación en la web* (AW), una *aplicación de sobremesa* (AS) y una *aplicación portátil* (AP). La aplicación web es para uso de los clientes, en la que éstos se registran y dan de alta los productos que quieren reparar. La de sobremesa está pensada para la oficina de reparaciones, y a través de ella se realizan tareas de administración (alta de usuarios y personal de reparaciones, peticiones de reparación, gestión de citas para reparaciones, etc.). Las aplicaciones portátiles son para los operarios que realizan las reparaciones, se implantan en dispositivos portátiles (móvil, tablet o PC portátil) con conexión a Internet. El personal de reparación utilizará estas aplicaciones para saber qué tareas de reparación están pendientes, avisar de que una reparación se ha efectuado, anotar material que se ha utilizado en una reparación, horas invertidas...

El sistema de la línea de producto permite (opcionalmente) clasificar a los clientes en tres categorías, que ordenados de más a menos servicio son: *VIP*, *business* y *professional*. La clasificación permite realizar un trato más adecuado al perfil del cliente. Si no hay clasificación todos los clientes se tratan por igual y las reparaciones se asignan por orden de llegada. Con clasificación de clientes, se atiende usando la prioridad. Los VIP tienen acceso preferente a las reparaciones.

Los aparatos registrados pueden tener opcionalmente mantenimiento asignado. Esta característica no es resultado de decisión del cliente propietario del aparato, sino de política de la empresa de reparaciones. Tener mantenimiento asignado significa que todas las reparaciones del aparato las realiza el mismo operario y que, además regularmente se realizan tareas de revisión de la configuración y correcto funcionamiento del mismo. Si hay mantenimiento contratado, éste generalmente se realiza en periodos anuales, aunque discrecionalmente el periodo puede ser diferente.

Para la **Aplicación de Sobremesa** se ofrece la posibilidad de funcionar con un SO libre (como Linux, opción por defecto) o de pago (como Windows o AppleOS). En cualquier caso siempre debe ser el mismo en todos los ordenadores. El coste de las licencias no está incluido en el precio.

La aplicación de sobremesa puede contener (opcionalmente) módulos de Contabilidad,

Facturación, ERP (*Enterprise Resource Planning*) y CRM (*Customer Relationship Management*). El Sistema de Contabilidad, lleva a cabo las cuentas relacionadas con las reparaciones. El de facturación permite crear los albaranes y facturas a entregar al cliente. El ERP nos permite controlar el stock de material disponible de piezas de repuesto y realizar pedidos cuando sea necesario. Finalmente, el CRM permite realizar un trato personalizado a los clientes, dando acceso al historial de todas las actividades de un cliente de manera automática.

Para las **Aplicaciones Portátiles**, se cuenta con aplicaciones para móviles, tabletas y PCs portátiles. En móviles y tabletas se soporta *Android* e *iOS* (Apple). En los portátiles se soportan los mismos SO que para la aplicaciones de sobremesa, de hecho, el SO debe coincidir con el de la aplicaciones de sobremesa.

4.3.1 Variability of Electrodomestic Repair Application System

Crear el diagrama de características asociado al dominio que se acaba de comentar.

4.3.2 Use cases of Electrodomestic Repair Application System

Completar el diagrama de casos de uso de acuerdo con el enunciado anterior y la descripción que aparece a continuación. En este caso, completar significa "adornar" los casos de uso del diagrama con el estereotipo que corresponda y establecer las relaciones entre los casos de uso indicados.

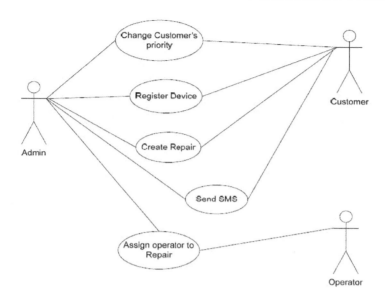

Se trata en todos los casos de CU que inicia el Admin. **Change customer's priority** permite pasar al cliente de un nivel de prioridad a otro (por ejemplo, de *business* a *VIP*). **Register Device** permite registrar un aparato en el sistema asociado a un cliente existente. A veces, tras registrar el aparato se rellena una solicitud de reparación de ese aparato (**create Repair**). En cualquier caso, cada vez que se registra una solicitud de reparación se asigna la reparación a un operador. Además, si hay distinción entre prioridades de clientes, y se trata de un cliente VIP, se envía un mensaje SMS al cliente.

4.3.3 Class Diagram of Electrodomestic Repair Application System

Completar el diagrama de clases que aparece a continuación para representar los puntos de variación del <u>perfil de cliente</u> (prioridad de asignación) y los <u>aparatos que son objeto de reparación</u>. En este caso, completar significa añadir nuevas clases con sus atributos, "adornar" las clases con los estereotipos y añadir posibles asociaciones necesarias para los puntos de variación indicados.

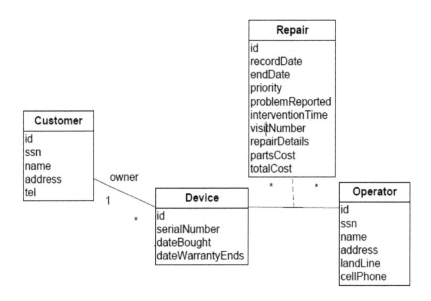

© T. A. Pérez Fernández & A. Irastorza Goñi

4.4   Smartphones

4.4.1   Variability of Smartphones

Completa el siguiente fragmento de diagrama de características que modela la variabilidad del siguiente dominio: *Smartphones*. Completar significa <u>establecer relaciones</u> entre las características indicadas y <u>añadir las subcaracterísticas</u> correspondientes así como <u>las restricciones entre ellas</u> que pudiera haber (ignorando otras restricciones relacionadas con otras características no representadas en el fragmento de diagrama).

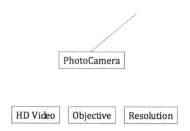

Los *smartphones* de la compañía *Tokia* tienen varias características que los definen. Los clientes pueden elegir el color de carcasa que desean de entre los posibles (blanco, negro, gris). El teléfono puede seguir varios estándares de comunicación de datos y voz como GSM, GPRS, EDGE, HSPA, WCDMA y LTE. Todo teléfono acepta tarjetas SIM de un único tipo (Normal, microSIM o nanoSIM). Cada teléfono puede incluir opciones extra (Bluetooth, WiFi, DLNA, Datos móviles, GPS, cámara de fotos, sensor giroscópico, acelerómetro, sensores de proximidad y de luz ambiental). Algunas cámaras de fotos añaden la posibilidad de poder grabar video HD. También tienen un objetivo con una distancia focal concreta (26, 28, 31, 33) mm. La cámara ofrece varias resoluciones máximas (4, 8, 13) Megapixels (MP).

Además, existe una carcasa de moda que varía con el tiempo. En este momento tiene flores, pero el año pasado tenía lunares y en verano tendrá un personaje de Disney. Dependiendo del lugar de ubicación del cliente, el teléfono integra la tecnología de comunicación de datos y voz disponible en ese momento (GSM, GPRS y EDGE se consideran estándares 2G, HSPA y WCDMA son 3G y LTE pertenece a 4G). Es posible que se puedan añadir nuevos estándares de comunicación a estas tecnologías (sobre todo nuevas variedades de 4G y quizás posteriormente

5G). El tipo de tarjeta SIM que usa el móvil viene determinado por el tipo de tecnología que se incluye. Así los terminales con 2G usan una SIM normal, los 3G usan microSIM y los 4G usan nanoSIM. Para poder grabar en HD video, la cámara tiene que ser de 8MP o más. Y las cámaras siempre ofrecen todas las resoluciones inferiores a la resolución máxima que ofrecen.

         © T. A. Pérez Fernández & A. Irastorza Goñi

4.5   Light Control Domotic System

4.5.1   Use Cases of a Light Control Domotic System

Completar el siguiente diagrama de casos de uso de acuerdo con el enunciado del dominio de *sistemas de domótica: control de iluminación* cuya descripción aparece a continuación. Completar significa, si hace falta, "adornar" los casos de uso del diagrama con el estereotipo que corresponda y establecer las relaciones entre los casos de uso indicados.

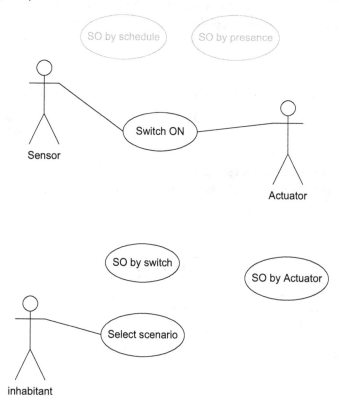

Uno de los campos de la domótica se centra en el control de la iluminación. Todo sistema de control de la iluminación puede encender totalmente una o varias luces de una estancia (on/off) o regular la intensidad de las mismas. En el sistema actual se enciende la luz (*switch on*) cuando el usuario activa el interruptor correspondiente ((*by switch*) el método tradicional, siendo el interruptor un tipo de sensor), siempre disponible. El sistema puede incluir más sofisticaciones, como que la luz se encienda activada por la presencia de una persona en la estancia (*by presence*), o porque se haya programado para que se active a ciertas horas (*by schedule*), o porque otro actuador requiera que se encienda la luz (*by Actuator*) como por ejemplo, cuando salta la alarma de intrusos. Además, los habitantes pueden seleccionar asociados a ciertas estancias los llamados escenarios, que suponen cierta iluminación de la estancia. Por ejemplo, "cena" supone encender la luz de encima de la mesa del comedor y la de ambiente se regula al 50%. En cambio con "cine" la iluminación permanece apagada, excepto una lámpara de pie que se queda al 20%. El caso de uso *select scenario* sirve para seleccionar uno de esos escenario para una estancia.

4.5.2   Class diagram of a Light Control Domotic System

Completar el diagrama de clases que aparece a continuación para representar los puntos de variación comentados en el ejercicio anterior con respecto al control de escenarios. En este caso, completar significa, si hace falta, añadir nuevas clases con sus atributos, "adornar" las clases con los estereotipos y añadir posibles asociaciones necesarias para los puntos de variación indicados.

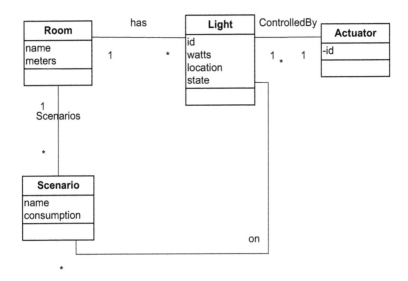

4.6   Vehicles

Dado que se ha cambiado la ley de gestión del tráfico, ahora agencias privadas van a poder acceder a la dirección general de tráfico para hacer operaciones en nombre de los usuarios. Entre las operaciones están la de consultar, modificar y añadir datos acerca de vehículos. Por ejemplo, indicar datos acerca de titulares de vehículos (alta/baja/modificación de titular de un vehículo), multas (alta de multa, notificación de multa, recepción del pago, alegación, peticiones de traslado de vehículo accidentado o mal estacionado, llamadas a servicios de grúa, emisión de facturas de traslado de vehículos), seguros (alta/baja/modificación de pólizas de vehículos, insertar y modificar partes de accidente, robo o daños, realización de pagos) y revisión técnica de vehículos (resultado de la inspección del vehículo, tanto positivo como negativo, introducir informe con la lista de los elementos inspeccionados y resultados).

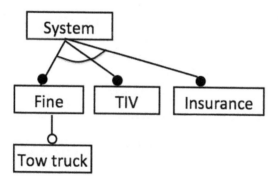

4.6.1   Use Cases of Vehicles

Completar el diagrama de casos de uso de acuerdo con la descripción que aparece a continuación. En este caso, completar significa, si hace falta, "adornar" los casos de uso del diagrama con el estereotipo que corresponda y establecer las relaciones entre los casos de uso indicados.

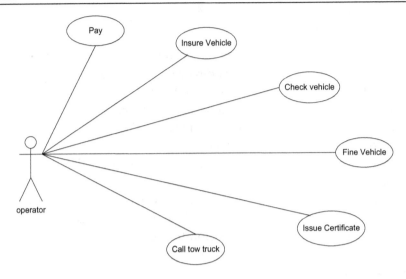

El operario (*operator*) siempre inicia los CU que se comentan a continuación. *Pay* es el CU para realizar un pago utilizando la tarjeta de crédito proporcionada por el cliente. ***Check Vehicle*** se utiliza para registrar el informe de la revisión técnica (almacenando el estado del motor, los frenos, intermitentes, etc.). Antes de comenzar con la comprobación hay que tener confirmación del pago por tarjeta. Una vez analizado el vehículo, se crea el informe de la revisión correspondiente. Si el informe es positivo, se emite el correspondiente certificado (***Issue certificate***). *Insure vehicle* es el CU que se encarga de incorporar una nueva póliza del seguro de un vehículo. Cuando se crea una póliza, se debe cobrar la prima correspondiente al asegurado. Finalmente, el operario utilizará el CU ***Fine vehicle*** para indicar los datos de una infracción, los artículos del código de tráfico aplicados, y los eximentes (si los hubiera). Dependiendo de la sanción y el problema acontecido, y si se disponen de los medios técnicos, se podría solicitar el servicio de grúa (***Call tow truck***) para atender al vehículo afectado.

4.6.2   Class Diagram of Vehicles

Adorna las clases del siguiente diagrama con los estereotipos que le correspondan para representar la variabilidad que también refleja el diagrama de características así como lo referente a la representación de los datos de las aplicaciones asociadas a los servicios de grúa.

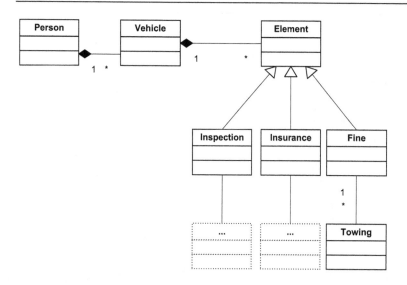

4.6.3 FeatureIDE Program of Vehicles

Dado que se ha cambiado la ley de gestión del tráfico, ahora agencias privadas van a poder acceder a la dirección general de tráfico para hacer operaciones en nombre de los usuarios. Son operaciones para consultar, modificar y añadir datos acerca de vehículos, poner multas, llamadas a servicios de grúa, etc. etc. Se quiere crear en ese contexto una línea de productos software (SPL) que ofrezca varios productos dependiendo de las entidades a las que van dirigidos.

Un <u>diagrama de características</u> simple para dicho SPL sería el que mostramos a continuación.

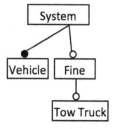

Ondoren ematen den Java kodean oinarrituta, *FeatureIDE* tresna erabiliz SPL proiektu bat garatu, aurreko ezaugarri diagramari dagokion produktu lerroa inplementatzeko.

```
package es.ehu;

import java.io.BufferedReader;
import java.io.InputStreamReader;

public class VehicleMan {
  static String numb = "";
  public static void main(String[] args) {
    System.out.println("*********** VEHICLE MANAGEMENT *********** ");
    System.out.println("Select your option: ");
    print_menu();
    read_option();
    System.out.println("  <<< Finished >>>> ");
  }

  public static void print_menu() {
    System.out.println("    1- Vehicle Registration ");
    System.out.println("    2- Fine Imposition ");
  }


  public static void read_option() {
    BufferedReader option;
    try {
     option = new BufferedReader(new InputStreamReader(System.in));
      numb = option.readLine();
    }catch(Exception e) {
      System.out.println("Error with the data insertion");
    }

    if (numb.equals("1")) register();
    if (numb.equals("2")) impose();
  }


  public static void register() {
    BufferedReader data;
    String plate = "";
    String name = "";

    System.out.println(" ");
    System.out.println("*********** *********** *********** ");
    System.out.println("*********** REGISTRATION *********** ");
    System.out.println("*********** *********** *********** ");

    try {
      System.out.println("Plate number: ");
      data = new BufferedReader(new InputStreamReader(System.in));
      plate = data.readLine();
      System.out.println("Owner name: ");
      data = new BufferedReader(new InputStreamReader(System.in));
      name = data.readLine();
      // register_db(plate, name);
      System.out.println("Registration done with plate ("+plate+")
and name ("+name+")");
      System.out.println("....");
    }catch(Exception e) {
```

```
          System.out.println("Error with the data insertion");
      }
  }

  public static void impose() {
    BufferedReader data;
    String plate = "";
    String cause = "";
    String amount = "";

    System.out.println(" ");
    System.out.println("********** *********** ********** ");
    System.out.println("********* FINE IMPOSITION ******** ");
    System.out.println("********** *********** ********** ");

    try {
      System.out.println("Plate number: ");
      data = new BufferedReader(new InputStreamReader(System.in));
      plate = data.readLine();
      System.out.println("Cause: ");

      data = new BufferedReader(new InputStreamReader(System.in));
      cause = data.readLine();
      System.out.println("Amount: ");
      data = new BufferedReader(new InputStreamReader(System.in));
      amount = data.readLine();

      // register_db(plate, name);
      System.out.println("Fine to plate ("+plate+") with the
amount("+amount+") because of "+cause);
      System.out.println("....");
    }catch(Exception e) {
      System.out.println("Error with the data insertion");
    }

    call_towtruck();

  }

  public static void call_towtruck() {
    BufferedReader data;
    String option = "";

    System.out.println(" ");
    System.out.println("********** CALLING THE TOW TRUCK ********** ");

    try {
      System.out.println("The list of available tow trucks: ");
      // read_db(list_of_trucks);
      System.out.println("A- CallAndGo");
      System.out.println("B- Smith's");
      System.out.println("C- Quickest");

      System.out.println("Choose your option: ");
      data = new BufferedReader(new InputStreamReader(System.in));
      option = data.readLine();
      // update_db(option);
```

```
      System.out.println("Calling the tow truck with "+option+" option");
      System.out.println("....");
   }catch(Exception e) {
      System.out.println("Error with the data insertion");
   }
  }
}
```

4.7   Primary School

4.7.1   Variability of a Primary School

Crear el diagrama de características asociado al *sistema de organización de una escuela de educación primaria.*

El sistema de gestión **SchoolManager** se encarga de facilitar la gestión de centros de educación primaria. El paquete de software de organización para escuelas incluye siempre los servicios de listas y comunicación con las familias de los alumnos. Con el primero se pueden crear las listas de cada uno de los grupos de los cursos que se imparten en el centro. Se reparten los alumnos en distintos grupos y se asignan los tutores y el personal de apoyo para cada grupo. El segundo trata de hacer llegar a las familias de los alumnos avisos por parte del colegio. Son mensajes que se deben enviar evitando redundancia (es decir, 1 mensaje por familia, evitando que lleguen mensajes repetidos a las familias con más de un hermano en el colegio). Con estos mensajes se avisa a la familia de que se ha organizado una excursión, de que en un grupo hay piojos, de una charla para padres, etc. Opcionalmente, el sistema se puede completar añadiendo la posibilidad de predefinir plantillas de mensajes e incluso planificar de antemano cuándo hay que realizar estas notificaciones. Es más, incluso se puede añadir la posibilidad de utilizar el sistema para comunicar a los padres los informes de los profesores sobre la evolución de los alumnos. En este caso, los profesores tienen que tener su cuenta de acceso al sistema para rellenar cada uno de los informes.

Todos los datos que maneja SchoolManager se almacenan de forma persistente en el servidor central de la escuela. Existen dos posibilidades de almacenamiento: (1) en una base de datos relacional o (2) en una base de datos orientada a objetos. El técnico instalador una vez inspeccionado el servidor y atendiendo a las características del mismo selecciona cuál es el método de almacenamiento seleccionado de entre: (a) Oracle (sistema de gestión de bases de datos relacionales de pago y de grandes prestaciones); (b) mysql (sistema de gestión de bases de datos relacionales gratuito y con menos prestaciones); (c) Hibernate (sistema de gestión de persistencia orientada a objetos de grandes prestaciones); y (d) DB4 (sistema de gestión de persistencia orientada a objetos de menos prestaciones).

SchoolManager necesita personalizarse con ciertas características de comunicaciones, como el proveedor de correo electrónico del centro y el medio de comunicación de la escuela con los padres de los alumnos. Como proveedor de correo electrónico está uno los proveedores de email gratuitos (hotmail, gmail), o el de la Consejería de Educación (ejgvmail). Una vez personalizado, el sistema solo usa ese proveedor para realizar las comunicaciones correspondientes, estando totalmente integrado en la aplicación. En cuanto al medio de comunicación con los padres, que se puede hacer en papel, por correo electrónico (y es en este caso cuando tiene sentido el proveedor de email) o ambos a la vez. Obviamente el precio de la aplicación depende de los medios seleccionados. También, como opción se ofrece la posibilidad de gestionar familias de padres divorciados. En este caso, las comunicaciones se duplican y se envían a cada una de las partes.

4.7.2   Use Cases of a Primary School

Completar el siguiente diagrama incompleto de casos de uso de acuerdo con la descripción que aparece a continuación. En este caso, completar significa, si hace falta, "adornar" los casos de uso del diagrama con el estereotipo que corresponda y establecer las relaciones entre los casos de uso indicados.

El jefe de personal del centro se encarga de las altas, bajas y modificaciones (*insert*/*delete*/*update*) de los alumnos. Como se ha dicho, esta es una tarea en la que la persistencia de los datos se hace de manera diferente según la opción que se haya definido: mysql o DB4 (únicamente esos dos, por simplificar). El director, a su vez puede asignar un alumno a un grupo de manera individual, o bien usar el caso de uso crear grupos (*create groups*) que realiza, para cada uno de los alumnos de un curso, la asignación a un grupo. Anotar familia divorciada (*set divorced family*) es el CU que se encarga de indicar que los avisos a esa familia se tienen que hacer por duplicado.

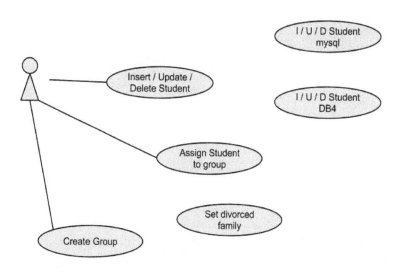

4.7.3   Class Diagram of Primary School

Completar el siguiente diagrama de clases incompleto que aparece a continuación para representar la variabilidad de acuerdo con la descripción que aparece a continuación. En este caso, completar significa, "adornar" las clases con los estereotipos que les corresponden y establecer las relaciones entre las clases indicadas (no hace falta añadir más).

Dentro del diagrama de clases tenemos las familias (Family) y asociadas a las mismas la lista de todos sus miembros (Member). Si existe la posibilidad de elegir dirección electrónica o de papel, entonces, si la familia ha elegido notificación electrónica, se guarda el email del representante de los progenitores de la familia. Si elige papel se guarda la dirección postal del mismo. Si no existe elección posible, esas opciones no aparecen y se guarda la dirección que admita el sistema. Si existe gestión asociada a divorcios y la familia está divorciada, es necesario guardar una dirección extra (electrónica o papel) para el otro progenitor.

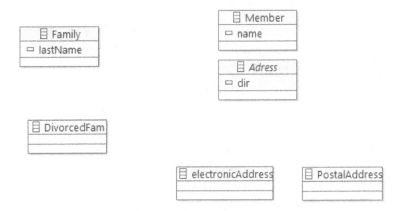

4.7.4   FeatureIDE Program of Primary School

A partir del código Java que se aporta, (1) construir el diagrama de características correspondiente a la figura; (2) construir dos configuraciones: una que incluya *db4, paper* y *divorced*; y otra que incluya *DB4, Google, paper, lists* y *notifications*. La composición de la solución que debe aparecer por defecto es la que corresponde la primera de las configuraciones.

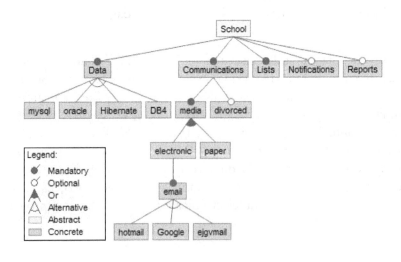

En la siguiente figura se muestra un diagrama con las clases implementadas del proyecto. Se ve que hay dos grupos. En la parte superior, se muestra el esquema de los datos (simplificados) de la escuela *(Family, DivorcedFamily, Student, Address, ElectronicAddress, PostalAddress)*.

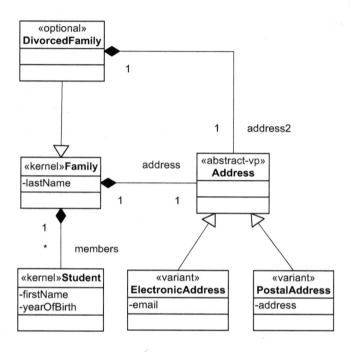

En la siguiente figura se muestra la organización del programa. La clase *Main* contiene el programa principal que construye el menú principal *(Menu)*. El menú está compuesto de varias opciones *(MenuItem)* y cada opción hace referencia a un caso de uso *(UseCase)*. Esta última clase define la estructura de todo caso de uso, que tiene que tener un método llamado *execute* que permite ejecutarlo. Para dividir el proyecto debes prestar atención sobre todo a la clase *Main* para decidir qué opciones del menú van con qué característica y a las clases que se ven afectadas por la selección de las características *db4*, *media* y *divorced*.

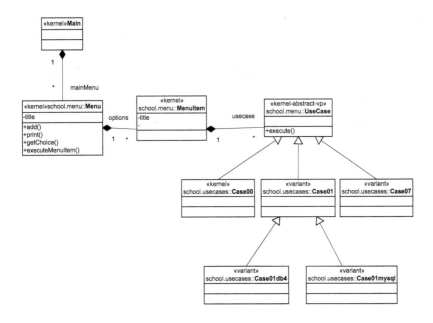

4.8   Messages to Clients

4.8.1   Variability of Messages to Clients

Crear el diagrama de características para el dominio descrito.

Se desea construir una línea de productos software para un sistema de avisos a clientes. Para el sistema se ofrecen dos métodos de aviso, basados en mensajes cortos de texto y alternativos: SMS o correo electrónico. Además, independientemente del sistema de mensajes que se tenga, existe la posibilidad de incluir el servicio de confirmación de recepción, que avisa al remitente cuando el mensaje ha sido leído por el destinatario. Finalmente, se permite completar el servicio de avisos con hasta dos opciones extra, que pueden dar más sofisticación al sistema resultante: (1) enviar el mismo mensaje a múltiples destinatarios, y (2) añadir información multimedia al mensaje (por ejemplo, fotos).

4.8.2   Variability of Electronic Messages

Crear el diagrama de características para el dominio descrito.

Se quiere desarrollar una aplicación para envío de mensajes. Todos los mensajes a enviar tienen un texto y podrían tener como máximo un *elemento o fichero adjunto* (fotografía, **vídeo**, evento de calendario, o cualquier dato que pueda almacenarse en un fichero). Algunos mensajes podrían tener especificado un *límite de tamaño* para la longitud del texto y/o para el fichero adjunto, concretamente, cuando el adjunto es un vídeo, su tamaño está limitado a 10, 30 y *50MB*. Se ha detectado, sin embargo, que el tamaño medio de los ficheros (multimedia principalmente) está aumentando y que la *capacidad de los servidores* de mensajes también está mejorando, por lo que se prevé que se incluyan nuevos límites de rango superior. El límite para el tamaño de los ficheros adjuntos sólo debería especificarse para aquellos mensajes que constaran de fichero adjunto.

Los mensajes normalmente se envían a un solo usuario y en la fecha y hora actual. También existe la posibilidad de solicitar el *envío diferido* de un mensaje o que tenga *varios destinatarios*. En ese último caso podría haber *destinatarios ocultos*.

4.8.3   Use Cases of Messages to Clients (1)

Completar el siguiente diagrama incompleto de casos de uso de acuerdo con la descripción que aparece a continuación y el diagrama de características de la subsección 4.8.1. En este caso, completar significa, si hace falta, "adornar" los casos de uso del diagrama con el estereotipo que corresponda y establecer las relaciones entre los casos de uso indicados.

El encargado de los avisos se encarga de preparar y enviar los mensajes usando el caso de uso *sendMessage*. Los mensajes, en un elemento de la línea de productos se realizan mediante email (*send email*) y en el otro, mediante SMS (*send SMS*).

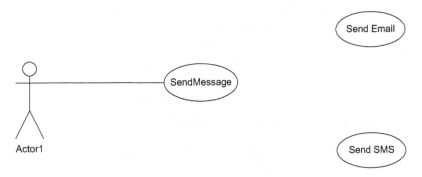

4.8.4   Use Cases of Messages to Clients (2)

Completar el siguiente diagrama incompleto de casos de uso de acuerdo con la descripción que aparece a continuación y el diagrama de características de la subsección 4.8.1. En este caso, completar significa, si hace falta, "adornar" los casos de uso del diagrama con el estereotipo que corresponda y establecer las relaciones entre los casos de uso indicados.

el encargado de los avisos se encarga de preparar y enviar los mensajes usando el caso de uso *sendMessage*. Los mensajes, en un elemento de la línea de productos se realizan mediante email (*send email*) y en el otro, mediante SMS (*send SMS*). Además, cuando hay avisos que incluyen ficheros multimedia (si se soporta tal opción), el aviso se hace mediante el envío de un SMS con el texto (*send SMS*) y un MMS (*send MMS*) con el fichero.

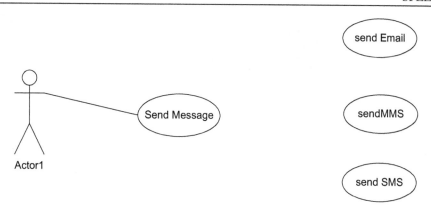

4.8.5   Use Cases of Messages to Clients (3)

Completar el siguiente diagrama incompleto de casos de uso de acuerdo con la descripción que aparece a continuación y el diagrama de características de la subsección 4.8.1. En este caso, completar significa, si hace falta, "adornar" los casos de uso del diagrama con el estereotipo que corresponda y establecer las relaciones entre los casos de uso indicados.

El encargado de los avisos se encarga de preparar los mensajes (*Create Message*) y enviarlos (*Send Message*). Con esta línea de productos no hay posibilidad de diferir el envío de mensajes, luego todos los mensajes creados deben ser enviados usando el caso de uso *Send Message*. El envío de los mensajes, en un elemento de la línea de productos se realiza mediante correo electrónico (*Send email*) y en el otro, mediante SMS (*Send SMS*). Cuando el producto software correspondiente ofrece la posibilidad de envío a múltiples destinatarios, el operario encargado del envío del mensaje puede seleccionar las direcciones correspondientes de la agenda de direcciones (*Select receivers from AddressBook*). Además, tiene que incluir en la agenda las direcciones de receptores que sean nuevos (*Insert new receivers into AddressBook*).

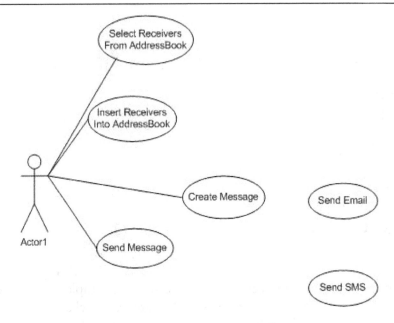

4.8.6   FeatureIDE Program of Messages to Clients (1)

Crear en *FeatureIDE* el diagrama de características asociado al dominio que se describe al comienzo (en la subsección 4.8.1). Una vez creado el diagrama, construir tres configuraciones: una (con nombre *default*) que incluya los mensajes por SMS, múltiples destinatarios y confirmación de recepción de mensajes; otra (con nombre *common*) que incluya sólo la parte común; y una tercera (con nombre *full*) que incluya todas las opciones posibles. La opción por defecto debe ser la primera de ellas. Finalmente, a partir del código Java que se proporciona, realizar la distribución del código de acuerdo con la descripción de características del enunciado.

```
import java.io.BufferedReader;
import java.io.IOException;
import java.io.InputStreamReader;
import java.util.ArrayList;

public class MessageSystem {
   static BufferedReader input =
     new BufferedReader(new InputStreamReader(System.in));
  public static void main(String[] args) throws IOException {

    Integer numb = null;
    print_menu();
    numb = read_option();
```

```
    switch(numb){
    case 0:  System.exit(0);
    case 1: sendMessage();
        break;
    case 2: sendMessageToMultiple();
        break;
    default:System.out.println("ERROR: Option not supported.");
    }
    System.out.println("  <<< Finished >>>> ");
}

public static void print_menu() {
    System.out.println("*********** ******* ********** ********** ");
    System.out.println("*********** MESSAGE MANAGEMENT ********** ");
    System.out.println("*********** ******* ********** ********** ");
    System.out.println("\t0.- Exit ");
    System.out.println("\t1.- Send Message to a recipient");
    System.out.println("\t2.- Send Message to multiple recipients");
}

public static Integer read_option() throws java.io.IOException {
    System.out.print("\tEnter your option: ");
    return Integer.parseInt(input.readLine());
}


public static void sendMessage() throws java.io.IOException {
    String recipient = "";
    String text = "";
    String mmedia = "";
    Boolean multimedia = false;
    Boolean acknowledgement = false;

    System.out.println(" ");
    System.out.println("*********** ************ ********** ");
    System.out.println("*********** SEND MESSAGE ********** ");
    System.out.println("*********** ************ ********** ");

    text = getText();
    multimedia = getMultimedia();
    if (multimedia)
      mmedia = getMultimediaAttach();
    recipient = getRecipient();
    acknowledgement = getAcknowledgement();

    sendMessage(text, recipient);

    if (multimedia)
      attachMultimedia(mmedia);
    setAcknowledgement(text, recipient, acknowledgement);
    System.out.println(".");
}

public static void sendMessageToMultiple()throws
java.io.IOException{
    ArrayList<String> recipients;
    String text = "";
```

```java
    String mmedia = "";
    Boolean multimedia = false;
    Boolean acknowledgement = false;

    System.out.println(" ");
    System.out.println("*********** **** ******* ** ********
********** ***********");
    System.out.println("*********** SEND MESSAGE TO MULTIPLE
RECIPIENTS ***********");
    System.out.println("*********** **** ******* ** ********
********** ***********");


    text = getText();
    multimedia = getMultimedia();
    if (multimedia)
      mmedia = getMultimediaAttach();
    recipients = getRecipients();
    acknowledgement = getAcknowledgement();

    for (String recipient:recipients){
      sendMessage(text, recipient);
      if (multimedia)
        attachMultimedia(mmedia);
      setAcknowledgement(text, recipient, acknowledgement);
      System.out.println(".");
    }
  }


  public static String getText()throws java.io.IOException {
    System.out.print("Enter text: ");
    return input.readLine();
  }


  public static Boolean getMultimedia()throws java.io.IOException {
    String yesNo;
    System.out.print("Do you want to attach a picture to the message?
[y/n]");
    yesNo = input.readLine();
    return (yesNo.charAt(0)=='y');
  }

  public static String getMultimediaAttach()throws
java.io.IOException {
    System.out.print("Enter Multimedia filename: ");
    return input.readLine();
  }


  public static String getRecipient() throws java.io.IOException {
    System.out.print("Enter recipient: ");
    return input.readLine();
  }
```

```
   private static ArrayList<String> getRecipients() throws
java.io.IOException {
      String recipient = "*";
      ArrayList<String> recipients = new ArrayList<String>();
      System.out.println("[To finish, insert a blank recipient]");
      while (! recipient.equals("")){
         recipient = getRecipient();
         if (!recipient.equals(""))
            recipients.add(recipient);
      }
      return recipients;
   }


   public static Boolean getAcknowledgement()throws
java.io.IOException {
      String yesNo;
      System.out.print("Do you want to get a message when the message
is read? [y/n]");
      yesNo = input.readLine();
      return (yesNo.charAt(0)=='y');
   }


   private static void sendMessage(String text, String recipient) {
      // TODO Sending the message
      System.out.print("Email message ("+text+")");
         //in the case of SMS the println should be "SMS message..."
      System.out.print(" sent to "+recipient);
   }


   private static void attachMultimedia(String mmedia) {
      // TODO attach multimedia
      System.out.print(" with multimedia ["+mmedia+"]");
   }


   private static void setAcknowledgement(String text, String
recipient,
             Boolean acknowledgement) {
      System.out.print(" with");
      if (!acknowledgement) System.out.print("out");
      System.out.print(" acknowledgement request");
   }

}
```

4.8.7   FeatureIDE Program of Messages to Clients (2)

Crear en *FeatureIDE* el diagrama de características asociado al dominio
que se describe al comienzo (en la subsección 4.8.1). Una vez creado el
diagrama construir dos configuraciones: una que incluya los mensajes por

SMS y confirmación de recepción de mensajes; y otra que incluya Email y todas las opciones posibles. Finalmente, a partir del código Java que se proporciona, <u>realizar la distribución del código</u> de la función *executeOption* de la clase **Main**, en la clase **Message** distribuir todos sus atributos y las funciones *Message, getMultimediaAttachment* y *sendSingleMessage* utilizando las pistas dejadas en el código suministrado. Para el resto de código, dejar el resto en la parte común del programa

4.9   Rural Houses

4.9.1   Use Cases of Rural Houses

Completar el siguiente diagrama de casos de uso de acuerdo con el enunciado del dominio de las casas rurales (utilizado en la asignatura de Ingeniería del Software-1) y la descripción que aparece a continuación. En este caso, completar significa, si hace falta, "adornar" los casos de uso del diagrama con el estereotipo que corresponda y establecer las relaciones entre los casos de uso indicados.

En el dominio de las casas rurales se desea modelar la variabilidad dentro del modelo de casos de uso. En este modelo, existe un caso de uso asociado a los administradores para incluir elementos multimedia *(add multimedia info)* a la descripción de una casa rural. En dicho dominio se pueden utilizar únicamente fotografías *(add picture)*, opción que está siempre disponible, o éstas se pueden complementar solo con videos *(add video)*, solo con visitas en realidad virtual *(add VR)* o con ambas opciones conjuntamente.

4.9.2   Class Diagram of Rural houses

Completar el diagrama de clases que aparece a continuación para representar los puntos de variación comentados en el ejercicio anterior con respecto a la descripción gráfica de la casa rural. En este caso, completar significa, si hace falta, añadir nuevas clases con sus atributos, "adornar" las clases con los estereotipos y añadir posibles asociaciones necesarias para los puntos de variación indicados.

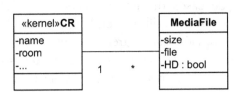

Picture
-resolution

Video
-length

VR
-format

4.10   Political System

4.10.1 Variability of Political System

Crear el diagrama de características para el dominio descrito.

Se quiere desarrollar una aplicación para ayudar a la gestión de un partido político. La aplicación en su modo más simple sólo sirve para la gestión de los afiliados del partido. Sirve para obtener la lista de los afiliados, añadir nuevos o eliminar alguno de los existentes. A cada afiliado se le permite elegir entre domiciliar las cuotas mensual, trimestral, semestral o anualmente. El sistema permite que el partido político gestione a los afiliados al partido y, si lo considera oportuno, además también a sus simpatizantes (independientes). Así, con simpatizantes, se permite tener en el sistema información de personas que, aunque no están afiliados, sí que pueden participar en otras actividades de la organización política.

Del mismo modo, el sistema ofrece una posibilidad de gestionar listas del partido para participar en algún tipo de acontecimiento político (por ejemplo, elecciones municipales). Cuando se elige la opción de listas, hay que decidir el modo de gestión: gestionar de manera manual o automática. En la gestión manual, el administrador del partido confecciona las listas añadiendo de uno en uno a los candidatos de entre los afiliados en cada ciudad. En la gestión automática, la creación de las listas se hace de manera automática siguiendo uno o más de los cuatro algoritmos que se proporcionan por defecto: (1) por edad (de mayor a menor); (2) igualitario (tantas mujeres como hombres); (3) machista (sólo hombres) y (4) feminista (sólo mujeres). Obviamente, las opciones (2), (3) y (4) son incompatibles entre sí.

Finalmente, también se ofrece a los partidos funcionalidad para el cálculo de los electos de cada lista utilizando la *ley D'Hont* o *reparto proporcional*. Solo se puede elegir una opción posible entre las dos comentadas, aunque se considera que en un futuro próximo se puedan añadir nuevos métodos de cálculo de electos.

4.10.2 Use Cases of Political System

Completar los siguientes diagramas incompletos de casos de uso de acuerdo con las descripciones que aparecen a continuación y el diagrama de características de la subsección 4.10.1. En este caso, completar significa, si hace falta, "adornar" los casos de uso del diagrama con el estereotipo que corresponda y establecer las relaciones entre los casos de uso indicados.

El sistema de gestión que se quiere construir ofrece funcionalidad para la inserción de afiliados (*Insert a Member*), inserción de independientes (*Insert an Independent*), así como la creación de listas de candidaturas (*Create a List*). En la inserción de afiliados e independientes se solicitarán ciertos datos como el nombre, el dni y la dirección. Como esas inserciones pueden ser masivas en época de preparación electoral, en un sistema con gestión de listas, al insertar al afiliado/independiente también se preguntará si dicha persona formará parte de una candidatura, porque en ese caso habrá que añadirla a la lista correspondiente (*Add a Person to a List*). En la creación de listas de candidaturas (*Create a List*) se obtendrá la lista de afiliados registrados (e independientes registrados si el sistema los admite) y seleccionando entre ellos se irán añadiendo a la lista (*Add a Person to a List*). Si el sistema admite independientes en las listas, en el momento de la creación de la candidatura se puede decidir la inserción de un nuevo independiente.

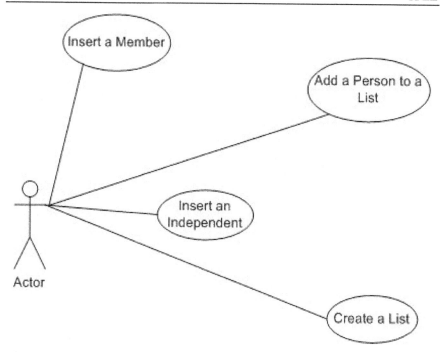

El sistema de gestión ofrece la funcionalidad del CU *Create a List* (*crear una lista*) para la creación de listas de candidatos. Lo primero que solicita es el nombre de la candidatura y las fechas necesarias (fecha límite para cerrar la lista y fecha de las elecciones para las cuales se crea la lista), luego, dependiendo de si la creación es manual o automática, con el CU *Select and insert candidates* (*seleccionar e insertar candidatos*) se muestra la lista de afiliados y se da opción de ir eligiendo hasta que el usuario decide terminar, o alternativamente, con el CU *Generate automatically* (*generar automáticamente*) se pide el número de candidatos que integrarán la lista y el criterio de selección a utilizar, y posteriormente la lista se genera de manera automática.

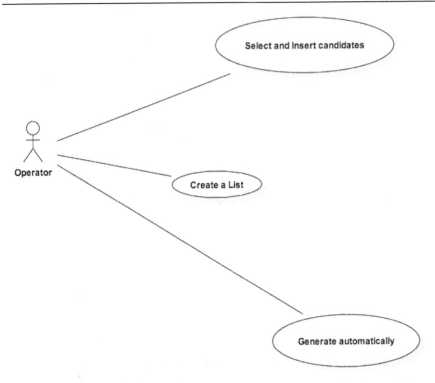

4.10.3 Class Diagram of Political System

Completar el siguiente diagrama incompleto de clases de acuerdo con la descripción que aparece a continuación y el diagrama de características de la subsección 4.10.1. En este caso, completar significa, si hace falta, añadir nuevas clases con sus atributos, "adornar" las clases con los estereotipos y añadir posibles asociaciones necesarias para los puntos de variación indicados.

El sistema puede gestionar las listas de candidatos (*List*); estos candidatos se eligen de entre los afiliados (*Affiliate*), o también de los independientes (*Independent*) cuando el sistema ofrece esta posibilidad. Aparte del dni, nombre, dirección y curriculum vitae (CV) de todos, en el caso de los afiliados se registrarán sus datos bancarios para poder cobrar la cuota mensual, y en el caso de los independientes, se almacenará el nombre de dos afiliados que avalan a dicha persona

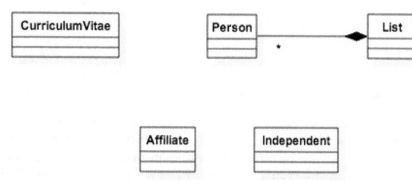

FeatureIDE Program of Political System

Crear en *FeatureIDE* el diagrama de características asociado al dominio que se describe al comienzo (en la subsección 4.10.1). Una vez creado el diagrama, construye tres configuraciones: una, de nombre *default,* que incluya la gestión de afiliados y gestión de listas de candidatos manuales; una segunda llamada *common* que incluya solo la parte común; y una tercera llamada *full* que incluya todas las opciones posibles (con listas automáticas). Finalmente, analiza el código Java que se proporciona y distribúyelo de acuerdo con la descripción de características del enunciado.

4.11   Sporting Events

4.11.1 Variability of Control System for Sporting Events

Crear el diagrama de características para el dominio descrito: *Sistema de control de eventos deportivos.*

El sistema para el control de eventos deportivos está pensado para aquellos que se realicen al aire libre o en interior. El sistema gestiona señales de TV de las cámaras que se utilizan dentro de dicho evento. Siempre son cámaras operadas por personas y, además, se puede añadir cámaras por control remoto. Si hace falta, el sistema registra las marcas de los distintos deportistas.

Hay miembros de la línea de producto que necesitan controlar el tiempo (para eventos como un partido de fútbol, una carrera de coches...) y otros miembros que no (como el golf). Además, el control de tiempo se puede hacer de manera automática utilizando transponders en los deportistas o sus vehículos (por ejemplo, para saber que un corredor ha atravesado la meta).

Otra posibilidad que se contempla es la gestión de la localización de los deportistas mediante GPS (como los coches de Formula 1).

Las cámaras de control remoto pueden ser manejadas de manera automática (un programa controla la cámara) o manual (una persona controla la cámara a distancia utilizando las funciones de la aplicación). Los distintos tipos de cámara contemplados son (1) las cámaras de fotofinish para poder atender a reclamaciones cuando las llegadas a metas estén muy ajustadas; (2) las cámaras *onBoard,* que van a bordo de automóviles o motos de todos los participantes en el evento; (3) las cámaras que se colocan al final de un gran brazo de grúa (incluso articulado) que se estira y se mueve de manera limitada; (4) las cámaras de visión cenital (*skyCam*), que permiten tomar imágenes en vertical dentro de un área concreta y solo funcionan en eventos en interior; y (5) drones con cámaras, que solo funcionan con eventos en el exterior. Los drones, pueden tener elementos adicionales como GPS para guiar su movimiento e informar de su situación. También sistemas de control de altura que permiten limitar la posición vertical que ocupan. Finalmente, para cuando haya varios drones navegando por el mismo espacio aéreo, se ofrece añadirles un sistema de control de colisiones. El sistema de control de colisiones puede utilizar tres tecnologías alternativas: (1) un radar incorporado que permite localizar obstáculos con los que podría chocar el dron; (2) un emisor/receptor wifi que permite comunicar con otros drones para indicarles la posición y altura que ocupan; y (3) una torre de control que recibe la posición y altura de cada dron y se asegura de que no pueda haber colisiones entre ellos. Por supuesto, el control de colisiones necesita de un GPS en el aparato volante y de un sistema de control de altura, tanto en la modalidad de wifi como en el de torre de control.

4.11.2 Use Cases of Control System for Sporting Events

Sea el siguiente extracto de diagrama de características.

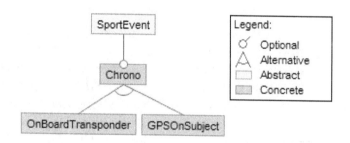

Completar los siguientes diagramas incompletos de casos de uso de acuerdo con el diagrama anterior y las descripciones que aparecen a continuación. En este caso, completar significa, si hace falta, "adornar" los casos de uso del diagrama con el estereotipo que corresponda y establecer las relaciones entre los casos de uso indicados.

El CU **Show Current Classification** (*mostrar la clasificación actual*) basándose en la característica *Chronos* (control del *tiempo*) se hace de dos maneras alternativas dependiendo de la característica seleccionada: (1) cuando se utiliza un *transponder onboard* de tiempos para ordenar los participantes, se ejecuta, por cada participante, el CU **Locate Last Checkpoint** (localizar el último *checkpoint*) que comprueba cuál es el último *checkpoint* por el que ha pasado un participante y cuándo ocurrió; (2) cuando se utiliza GPS para localizar a los participantes, se usa el CU **Locate Participant by GPS** (localizar participante por GPS) que comunica con el *transponder* GPS de cada uno de los participantes para que indique su posición, y establecer así un ranking.

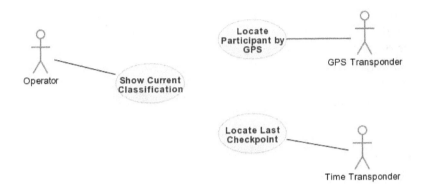

El CU **Show Participants** (*Mostrar participantes*) está disponible en todo momento. Cuando se ejecuta, se obtienen los datos de cada participante mediante el CU **Show Participant** (*mostrar participante*). En el caso de que exista un dispositivo GPS por participante (*GPSOnSubject*), el operario puede decidir ejecutar el CU **Show Map** (*mostrar mapa*), que muestra el circuito en un mapa y además dibuja en tiempo real la posición actual de cada participante mediante la ejecución del CU **Locate Participant** (*localizar participante*). Este se conecta con el dispositivo GPS de cada participante para conocer sus coordenadas en ese momento.

Sea el siguiente extracto de diagrama de características.

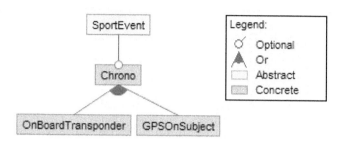

Completar el siguiente diagramas incompleto de casos de uso de acuerdo con este diagrama y las descripciones que aparecen a continuación. En este caso, completar significa, si hace falta, "adornar" los casos de uso del diagrama con el estereotipo que corresponda y establecer las relaciones entre los casos de uso indicados.

El CU **Show Current Classification** *(mostrar clasificación actual)* muestra la clasificación de los participantes de una carrera. Basándose en la característica *Chronos* (control del *tiempo*), da a elegir entre las posibilidades disponibles. Así, el operario puede elegir usar el CU **Locate Participant by GPS** (localizar participante por GPS) sobre todos y cada uno de los participantes; alternativamente, puede usar el CU **Locate Last Checkpoint** (localizar el último *checkpoint*) que comprueba cuál es el último *checkpoint* por el que ha pasado un participante y cuándo ocurrió. La primera opción se ofrece cuando el sistema acepta GPS para los participantes o sus vehículos (*GPSOnSubject*) y la segunda cuando el sistema acepta transponders para los participantes o sus vehículos (*OnBoardTransponder*).

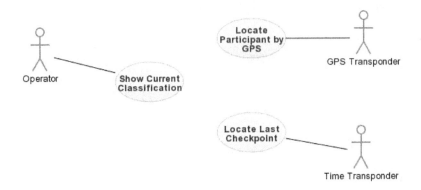

4.11.3 Class Diagram of Control System for Sporting Events

Sea el siguiente extracto de diagrama de características.

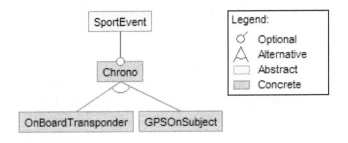

Completar el siguiente diagrama incompleto de clases de acuerdo con la descripción que aparece a continuación. En este caso, completar significa, si hace falta, añadir nuevas clases con sus atributos, "adornar" las clases con los estereotipos y añadir posibles asociaciones necesarias para los puntos de variación indicados

El sistema siempre representa una prueba deportiva y todos sus participantes. El diagrama representa las pruebas que exigen un recorrido concreto, el recorrido de la prueba se guarda de dos formas alternativas: (1) mediante una lista de puntos de control (*CheckpointList*) dentro del recorrido (por ejemplo, cada 2Km); o (2) en forma de un recorrido GPS (*GPS Path*), este método solo cuando se ha seleccionado la característica *GPSOnSubject*. Cuando se elige la característica de control de tiempo

(*Chronos*) el sistema registra el tiempo a lo largo del recorrido de cada participante (un registro en cada *Checkpoint*). Cuando existe la opción de GPS, el comportamiento del sistema es distinto, ya que el sistema graba la posición de cada participante a intervalos iguales de tiempo (por ejemplo, cada 5 segundos).

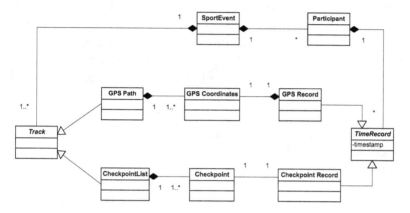

4.12 Transport Authority

4.12.1 Variability of Control System for Transport Authority

Crear el diagrama de características para el dominio descrito.

Se quiere construir un software para una autoridad del transporte, software o sistema de control para aplicar en los elementos que forman parte del transporte en la ciudad. A continuación se muestra algunas de las opciones que se vislumbran. El software cobra por defecto una tarifa única por el transporte, independientemente de la parada inicial y la parada final. Opcionalmente se puede contemplar una tarifa basada en zonas, que haga variar los precios en función de la zona de la parada inicial y final. Los pasajeros usan tarjetas prepago personales e intransferibles que les identifican al subir (tarifa única) o al subir y bajar (tarifa por zonas).

Para abonar un viaje, el pasajero debe acercar su tarjeta a máquinas lectoras que hay en cada vehículo. Las máquinas lectoras tienen un dispositivo de lectura y escritura del chip de la tarjeta y, a veces, incluyen un pequeño display LCD para mostrar un mensaje al pasajero (como el saldo restante, si se está haciendo transbordo…).

La autoridad de transporte puede considerar casos especiales y ofrecer tarjetas con ventajas a ciertos colectivos (familia numerosa, jubilado, estudiante, parado…).

Así mismo, se puede considerar la opción de hacer transbordo entre diferentes vehículos (dentro de un margen de tiempo) sin coste adicional o con un descuento fijo al viaje más barato de los que conforman un viaje completo. El transbordo puede ser ilimitado (tantos viajes como se quiera) o con un límite prefijado (por ejemplo, hasta 3 viajes encadenados). La opción de transbordo necesita que los aparatos lectores tengan *display* para informar a los viajeros.

El sistema de recarga de las tarjetas es por contacto y, por lo tanto, solo se puede hacer en locales que tengan los dispositivos de lectura y escritura de las tarjetas (hasta el momento tiendas asociadas y cajeros automáticos). Se está considerando añadir en un futuro próximo la posibilidad de hacer recargas "sin contacto". Es decir, cargar la tarjeta utilizando medios virtuales, como una aplicación para teléfono móvil o por Internet. El diseño previsto es que el sistema central apunta el movimiento, pero es necesario acceder a un aparato de lectura y escritura para actualizar la tarjeta. En tal caso, antes de hacer el primer gasto tras la carga, hay que avisar al conductor de que hace falta actualizar el saldo de la tarjeta en la máquina lectora.

Entre los módulos que aportan valor añadido está la posibilidad de disponer de una aplicación para móvil que detecte cuando hemos tomado un transporte público y que a medida que vamos viajando nos informe en tiempo real de las paradas que hay. En esa misma aplicación, si uno le indica el destino al que quiere ir, la propia aplicación le ayuda a decidir cuál es la parada destino más adecuada, y se encarga de avisar de cuándo está llegando a su destino, de solicitar la parada al conductor (sin necesidad de tocar ningún dispositivo en el vehículo), y de avisar de que se ha bajado en la parada correspondiente (sin necesidad de tener que volver a mostrar la tarjeta).

4.12.2 Use Cases of Control System for Transport Authority

Sea el siguiente extracto de diagrama de características.

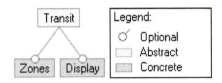

Completar el siguiente diagrama incompleto de casos de uso de acuerdo con el diagrama anterior y la descripción que aparece a continuación. En este caso, completar significa, si hace falta, "adornar" los casos de uso del diagrama con el estereotipo que corresponda y establecer las relaciones entre los casos de uso indicados

El CU **Pass Card** *(pasar tarjeta)* recoge los datos de la tarjeta por medio del CU *Check Card* y, si no se considera tarificación por zonas, después ejecuta el CU *Get On*. Cuando se consideran varias zonas, para calcular la tarifa el sistema tiene que comprobar la posición del vehículo al subir y al bajar cada pasajero y, para ello, revisa en el registro de tarjetas los datos de los últimos 60 minutos para ver si la tarjeta ha sido registrada con anterioridad. Si la tarjeta aparece en el registro, se considera que el pasajero está bajando y ejecuta el CU *Get Off*. Alternativamente, si no hay registro previo, se considera que está subiendo al vehículo y ejecuta el CU *Get On* (en este caso, la cantidad que se descuenta es la correspondiente al viaje más largo que pueda hacer el pasajero).

El CU **Get On** *(subir)* crea un nuevo registro: se anota el número de tarjeta y la posición del vehículo.   Se descuenta el importe de la tarifa de viaje de la tarjeta (si la tarificación es por zonas, el coste máximo del viaje) y se escribe el nuevo saldo en la tarjeta. Si está disponible la opción para mostrar el saldo, muestra el saldo mediante el CU *Show Balance*.

El **CU Get Off** *(bajar)* completa el registro del viaje del pasajero. Calcula las zonas transitadas y corrige la tarifa descontada al subir al vehículo. Corrige el saldo en la tarjeta y, si está disponible la opción para mostrar el saldo, muestra el saldo mediante el CU *Show Balance*.

El CU **Check Card** *(comprobar tarjeta)* lee el número de tarjeta y toma nota de la posición en la que se encuentra el vehículo, de acuerdo con los datos que registra un GPS.

El CU **Show Balance** *(mostrar saldo)* se encarga de consultar el saldo de la tarjeta y mostrarlo en el *display* de la canceladora.

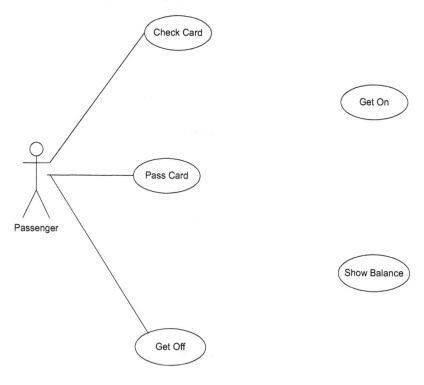

4.12.3 Class Diagram of Control System for Sporting Events

Sea el siguiente extracto de diagrama de características.

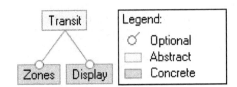

Completar el siguiente diagrama incompleto de clases de acuerdo con la descripción que aparece a continuación. En este caso, completar significa, si hace falta, añadir nuevas clases con sus atributos, "adornar" las clases con los estereotipos y añadir posibles asociaciones necesarias para los puntos de variación indicados.

Cada vehículo lleva un registro *(VehicleRecord)* de todas las tarjetas que se han presentado para abonar el billete *(TripRecord)*. Cuando no se consideran las zonas, en el registro se almacena el número de tarjeta *(cardNumber)*, la hora *(timestamp)* y las coordenadas de la posición del vehículo *(longitude, latitude)* en el momento de registrar la tarjeta. Cuando se consideran las zonas, además, se almacena la posición y la hora en que se registra la tarjeta al bajar

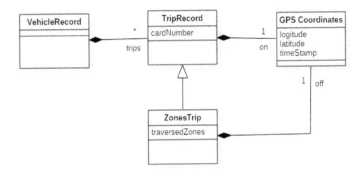

4.13 Connected Car

4.13.1 Variability of Control System for Connected Cars

Crear el diagrama de características para el dominio descrito.

Un coche conectado *(connected car)*[9] es un coche equipado con acceso a Internet y otras redes. El vehículo comparte el acceso a Internet con otros dispositivos tanto internos como ajenos para ofrecerle ciertas ventajas al conductor.

Todo vehículo debe ofrecer comunicación basada en al menos una de dos tecnologías que no son excluyentes. La *V2V* que permite que se comuniquen dos vehículos entre sí, por ejemplo, para saber si un coche que nos precede acaba de frenar bruscamente. La tecnología *V2I* que permite que los vehículos se comuniquen con elementos de la infraestructura para saber, por ejemplo, cuánto tiempo más permanecerá en verde un semáforo. Se han definido dos protocolos alternativos, para la comunicación. Uno se denomina *DSRC (Dedicated Short Range Communication)* y el otro WAVE *(Wireless Access in Vehicular Environments)*. Las funcionalidades que se ofrecen van encaminadas a conseguir vehículos de conducción autónoma, aunque, de momento, se ofrecen en forma de asistentes a la conducción. Por simplificar, aquí se comentan los relacionados con dos dispositivos mutuamente excluyentes: radares y cámaras. Las funcionalidades, todas ellas opcionales, que incluye un coche conectado son una o más de las siguientes: (1) El *FCW (Forward Collision Warning)*, o aviso de colisión frontal, que avisa al conductor si éste no frena cuando en su trayectoria hay riesgo de colisión frontal con un obstáculo; (2) El *LCW/BSW (Lane Change Warning / Blind Spot Warning)*, o aviso de cambio de carril / aviso de punto ciego, sólo disponible cuando hay cámara, indica que se está intentando cambiar de carril y hay un vehículo adelantando que no puede ver; (3) El *EEBLW (Emergency Electronic Brake Light Warning)* o aviso de luz de freno electrónico de emergencia, indica al conductor si un vehículo anterior está

---

[9] Dominio basado en datos reales de:
http://www.expansion.com/economia-digital/innovacion/2017/05/05/590b696fe2704e60308b4612.html
http://www.networkworld.com/article/3072486/internet-of-things/the-future-of-auto-safety-is-seat-belts-airbags-and-network-technology.html
https://en.wikipedia.org/wiki/Connected_car

frenando bruscamente por alguna razón; (4) El *IMA (Intersection Movement Assist)*, o Asistente de Movimiento en una Intersección, utiliza el radar para avisar al conductor cuando no es seguro entrar en un cruce (por ejemplo, cuando hay tráfico transversal o en sentido contrario).

Los coches conectados tienen algunas características basadas en geolocalización. El aviso de emergencia es una funcionalidad que pasará a ser obligatoria en todos los vehículos comercializados en la UE a partir de comienzos de 2017. El vehículo conectado debe dejar disponible un **_botón rojo_** para activar en caso de emergencias. Se activa de dos maneras diferentes, programadas de fábrica con antelación: mediante una llamada telefónica o mediante una conexión de datos. En la conexión telefónica, a su vez, se programa uno de los dos posibles destinos de la llamada: la centralita de la marca de coches o el 112, decisión que toma la marca del país donde se vende el vehículo, dependiendo de las infraestructuras disponibles en dicho país. Cuando la conexión es de datos, se transmite la posición geográfica del vehículo siniestrado. Aunque, por un módico aumento de la tarifa mensual por los datos, se puede completar para que los datos que se envíen incluyan la posición en la que se encuentra el vehículo (por ejemplo, volcado, inclinado…), los daños sufridos, y la lista de los pasajeros con su historial médico básico. Todos los datos corresponden a la misma característica opcional. Otras funcionalidades opcionales relacionadas con la geolocalización son el localizador de vehículo y la desactivación geográfica. En la primera se le permite al dueño saber el lugar exacto donde se encuentra el vehículo (por ejemplo, para saber dónde se encuentra aparcado). La segunda opción es la desactivación del vehículo de manera automática por su localización geográfica, que inutiliza el vehículo cuando se superan ciertos límites geográficos previamente programados como, por ejemplo, cuando se supere 20Km de distancia del domicilio.

4.13.2 Use Cases of Control System for Connected Cars

Completar los siguientes diagramas incompletos de casos de uso de acuerdo con la descripción que aparece a continuación. En este caso, completar significa, si hace falta, "adornar" los casos de uso del diagrama con el estereotipo que corresponda y establecer las relaciones entre los casos de uso indicados.

Cuando sistema detecta que el conductor ha entrado en el coche se ejecuta el CU **Get On** *(subir).* En ese momento se activa la cámara interior (si la hay) para identificar al conductor a través del CU **Identify Driver.** Una vez detectada la persona, si se trata de una persona conocida (una que ya ha utilizado el vehículo, y cuya apariencia está registrada en su perfil), entonces se ajusta el coche a las características del conductor almacenadas en el perfil: altura del asiento y del volante, posición de los retrovisores interiores y exteriores... Usando para ello el CU **Adjust Settings.** Si la persona no es conocida, se le da la opción de ajustar los elementos y registrar su configuración para la próxima vez a través del CU **Create New Profile.**

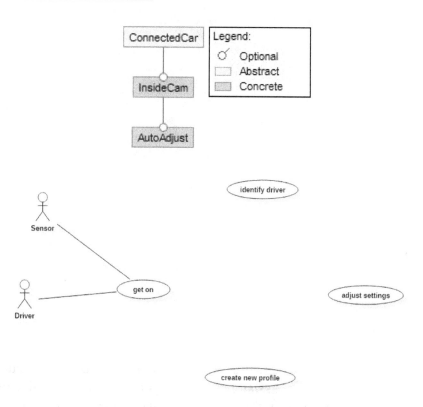

Cuando el sensor de accidentes detecta un golpe o un cambio brusco de posición o de velocidad se ejecuta el CU **Emergency** *(emergencia)* que conecta con un centro de control (el que tiene programado) y le pasa los datos de localización del vehículo usando el CU **Send Data** *(enviar datos).*

Si en el sistema se ha configurado la opción *Extralnfo* se deben enviar datos adicionales. Se identifican los pasajeros del vehículo mediante el CU **Identify Passengers** *(identificar pasajeros)* y éste envía la información médica almacenada de los mismos también haciendo uso del CU **Send Data**. Después, se ejecuta el CU **Report Damages** *(informar de daños)* que se conecta con los sistemas de diagnóstico del vehículo para saber el alcance de los daños producidos y enviarlos también a través del CU **Send Data**. Finalmente, se comprueba la inclinación del vehículo a través del CU **Check Inclination** *(comprobar inclinación)* y éste envía los datos correspondientes con el CU **Send Data**.

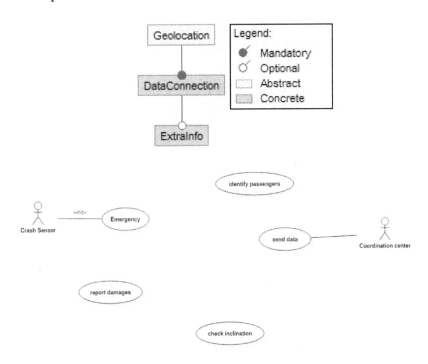

Una vez activada la característica *ParkAssist*, su funcionalidad se ejecuta a través del CU **Park Assist** *(asistente de aparcamiento)*. El conductor primero tiene que localizar el hueco donde quiere aparcar y le indica al sistema su localización y si es en línea o en batería. A partir de ese momento, el CU establece cuáles son las maniobras para realizar el aparcamiento. El movimiento del coche en este caso de uso siempre se controla a través del CU **Move Vehicle** *(mover vehículo)*. El movimiento del vehículo utiliza el CU **Detect Obstacle** *(detectar obstáculo)*. Este CU sigue una misma interfaz, pero se desarrolla de manera diferente dependiendo de si se ha configurado el sistema con Radar (CU **Detect Obstacle Radar**) o cámara de video (CU **Detect Obstacle Camera**).

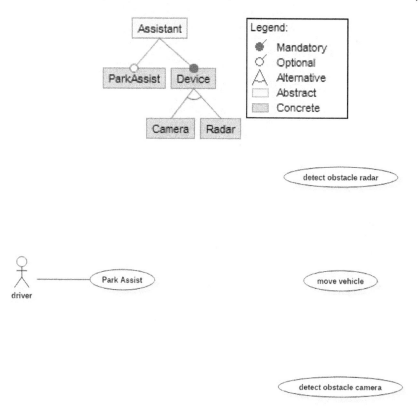

4.13.3 Class Diagram of Control System for Connected Cars

Completar el siguiente diagrama incompleto de clases de acuerdo con la descripción que aparece a continuación. En este caso, completar significa, si hace falta, añadir nuevas clases con sus atributos, "adornar" las clases con los estereotipos y añadir posibles asociaciones necesarias para los puntos de variación indicados.

Cuando el sistema tiene la opción de las cámaras interiores, se almacena una colección de perfiles de pasajeros. Cada Pasajero tiene un info1me médico que informa de sus peculiaridades médicas como grupo sanguíneo o alergias. Además, y asociado a la opción *Auto Adjust*, cada pasajero tiene una serie de preferencias en los ajustes de los distintos elementos del coche: asiento (*seat*), volante (*steering wheel*) y los espejos interiores (*inner mirror*) y exteriores (*outer mirror*).

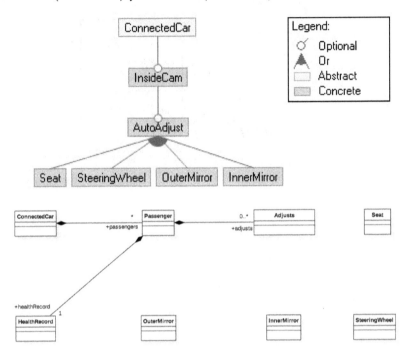

4.14 Auto Repair Shops

4.14.1 Variability of Management System for Auto Repair Shops

Crear el diagrama de características para el dominio descrito.

El sistema de gestión tiene como objetivo los talleres de reparación de coches de los dos estados de la península, es decir, tanto españoles como portugueses y por ello la interfaz será bilingüe, usando por defecto el idioma principal del país de localización. Con esta aplicación un taller registrará los vehículos que se han reparado así como los clientes propietarios de dichos vehículos. También se hará la gestión y control de la facturación. Pensando en los clientes de la *Comunidad Autónoma de Euskadi* que puedan estar interesados en esta aplicación, y dado que las haciendas forales vascas aceptan las declaraciones del IVA por vía telemática, este sistema también podrá ofrecer las funciones para preparar, enviar y pagar las declaraciones del IVA. Para luchar contra el fraude fiscal, las haciendas forales están estudiando implantar la declaración inmediata del IVA, una declaración que se realizará en cuanto se emita la factura. Cuando las haciendas aprueben la ley correspondiente y establezcan el protocolo necesario, habrá que adecuar la línea de producto para que los clientes que lo requieran puedan realizar la declaración del IVA con cada factura emitida.

Para la reparación de los vehículos muchas veces hay que tener comunicación con las aseguradoras: los talleres tienen que solicitar la visita del perito, recibir su informe técnico, etc. Muchas de las aseguradoras ofrecen vías para el contacto telemático con sus sistemas, pero todavía no están estandarizadas, luego el sistema de gestión tiene que tener en cuenta las diferentes opciones que hay en la actualidad, para que cada cliente del sistema de gestión elija las empresas con las que tiene que trabajar: *Mapfre, Zurich, Allianz, AXA, Lagun-Aro, Fidelidade, Lusitania*. Las cuatro primeras aseguradoras son multinacionales, pero el ámbito de trabajo de *Lagun-Aro* sólo es España y el de *Fidelidade* y *Lusitania* es Portugal. El sistema ofrecerá una vía de comunicación por defecto, por e-mail, para los talleres que trabajen con aseguradoras que no ofrecen comunicaciones telemáticas.

En España la *Dirección General de Tráfico* autoriza a ciertos talleres para que puedan solicitar la emisión de nuevas matrículas, realizar copias de matrículas, etc. Esos talleres deben realizar diferentes gestiones conectados con la aplicación de Tráfico. El sistema de gestión descrito podrá integrar dichas tareas para los talleres españoles.

4.14.2 Use Cases of Management System for Auto Repair Shops

Completar los siguientes diagramas incompletos de casos de uso de acuerdo con la descripción que aparece a continuación. En este caso, completar significa, si hace falta, "adornar" los casos de uso del diagrama con el estereotipo que corresponda y establecer las relaciones entre los casos de uso indicados.

El CU *Issue invoice* *(emitir factura)* obtiene de la base de datos los datos del cliente y del vehículo reparado y registra los datos de la reparación realizada, con el CU *Add repair* *(añadir reparación)*. En caso de que sea la primera vez que el vehículo acude al taller, primeramente se procederá con el CU *Register vehicle* *(registrar vehículo)* a registrar el vehículo y su propietario. Cuando se haya optado por una aplicación preparada para la declaración del IVA, al emitir la factura también se realizará la declaración correspondiente con el CU *Create entry for VAT declaration* *(crear entrada para declaración IVA)*.

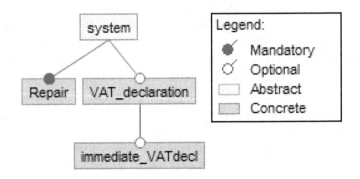

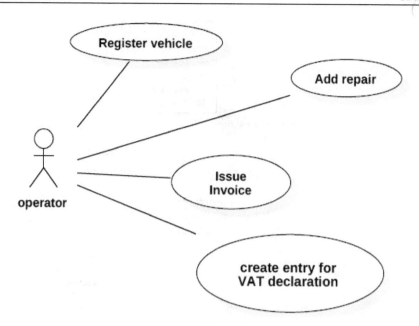

El CU **Request appointment with the expert** *(solicitar cita con el perito)* por defecto enviará un e-mail con el CU **Send an email** *(enviar un e-mail)* a la dirección registrada. En ese e-mail se solicitará que el perito mecánico de la compañía aseguradora se pase por el taller y evalúe uno de sus vehículos a reparar. Sin embargo, si la compañía aseguradora tiene implantada una vía de comunicación telemática, este mensaje se sustituirá por una comunicación telemática con el CU **Communicate with Insurance Comp.** *(comunicar con empresa aseguradora)*. Esta comunicación será con el sistema informático de la aseguradora correspondiente, en caso de que tanto ésta como la aplicación estén preparadas para ello. En la comunicación primeramente habrá que iniciar la conexión con el CU **Create connection** *(crear conexión)* y siguiendo los pasos específicos del sistema de cada aseguradora

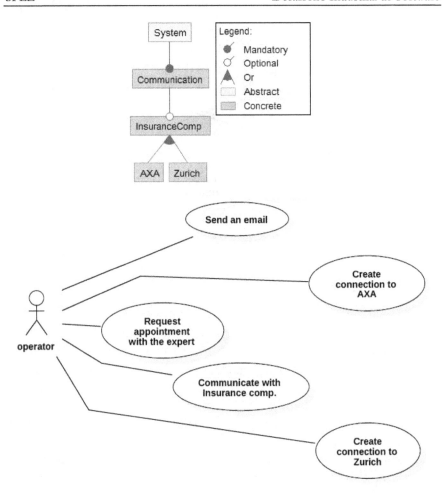

El CU *Issue invoice* *(emitir factura)* obtiene de la base de datos los datos del cliente y del vehículo reparado y registra los datos de la reparación realizada. En caso de que se haya optado por una aplicación preparada para la declaración del IVA y en la reparación se hayan incluido piezas nuevas a las que se debe aplicar el IVA, al emitir la factura también se realizará la declaración correspondiente con el CU *Create entry for VAT declaration* *(crear entrada para declaración IVA)*. Cuando en la aplicación también se haya incluido la posibilidad de la declaración del IVA inmediata, automáticamente se enviará la declaración con el CU *Send VAT declaration* *(enviar declaración IVA)*.

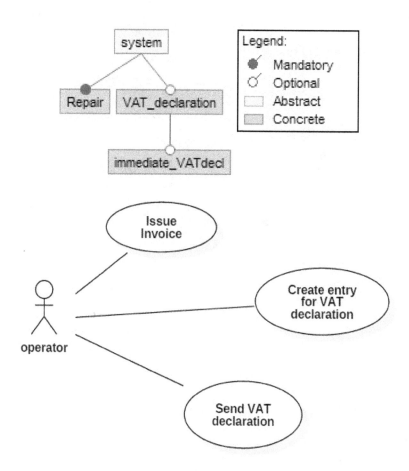

4.14.3 Class Diagram of Management System for Auto Repair Shops

Completar el siguiente diagrama incompleto de clases de acuerdo con la descripción que aparece a continuación. En este caso, completar significa, si hace falta, añadir nuevas clases con sus atributos, "adornar" las clases con los estereotipos y añadir posibles asociaciones necesarias para los puntos de variación indicados.

El sistema gestiona las reparaciones y sus facturas correspondientes, luego, representa la reparación (*Repair*) y la factura (*Invoice*). Cuando el sistema incluye la declaración del IVA, la factura se completará con los datos del IVA que le corresponda (*VAT_declaration*) y si además ésta debe ser inmediata, se añadirán datos complementarios, como la fecha y hora de la declaración y datos de conexión telemática utilizados

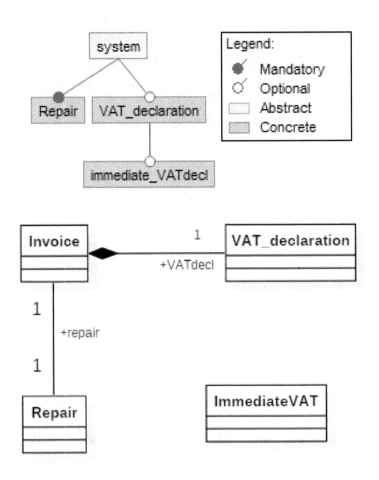

4.15 Vending Machines

4.15.1 Variability of Management System for Vending Machines

Crear el diagrama de características para el dominio descrito.

Una *máquina de vending* es una máquina para la venta de diferentes artículos, desde café, bebidas refrescantes, agua, chocolatinas, bollería, hasta productos farmacéuticos, libros, etc. Se encuentran colocadas en centros con gran aglomeración de gente: escuelas, hospitales, aeropuertos, etc.

Dependiendo de la dinámica del mecanismo para dispensar el producto, se distinguen tres tipos: los que realizan cierta preparación del producto (p.e. café, zumo o agua, usando ciertos ingredientes almacenados en depósitos internos) y lo dispensan en un vasito reciclable (estas máquinas pueden tener una pinza adicional para sujetar el vasito y evitar derrames accidentales durante la preparación del producto); los que tienen los productos distribuidos en raíles verticales, una palanca sujeta los productos del raíl y cuando se abre deja caer un producto; los que tienen raíles horizontales y los productos se colocan separados por un separador giratorio, al seleccionar el producto, el separador gira y el producto cae. El control de los elementos mecánicos de estas máquinas (tanto los nombrados como los que no se mencionan aquí) supone incluir funcionalidades en el sistema para controlar el estado de la palanca, abrirla, poner en marcha el separador giratorio, comparar el estado de los depósitos, abrir o cerrar la pinza del vasito, etc. Además, las máquinas de vasito podrían tener la función de que el usuario anule la utilización del vasito y proporcione él mismo el recipiente o taza. Actualmente los vasitos son de polipropileno (PP) pero en breve se prevé introducir también los de cartón biodegradable (BD).

Las máquinas disponen de un teclado y una pantalla de display. El teclado, para poder hacer la selección de los productos y comprobar que es correcto, etc., será uno con lista de opciones válidas (de donde el usuario seleccionará el producto que desee; el teclado tendrá que controlar que solo se activen las opciones donde hay producto disponible) o un teclado alfanumérico (donde el usuario tendrá que teclear la combinación de números/letras correspondiente al producto elegido; el teclado tendrá que comprobar que la combinación es válida). En cuanto al display, en esta pantalla se muestra el código seleccionado, el precio del producto y la cantidad introducida, y además, en caso de que para la máquina se haya elegido la opción adicional para información nutricional, se mostrarán datos sobre las propiedades nutricionales del producto seleccionado (p.e. calorías, proteínas, cantidad de grasas, etc.).

Para el cobro del producto, las máquinas pueden utilizar el sistema clásico de las monedas o una tarjeta corporativa de prepago (pueden ser tarjetas que emite la empresa propietaria de la máquina p.e. Azkoyen o Jofemar, tarjetas emitidas para sus empleados por la empresa donde se coloca la máquina, por ejemplo, CAF, Iberdrola, Lagun-Aro, etc.), en máquinas con público más general (p.e en aeropuertos) se puede optar por un sistema mixto. El sistema de la tarjeta prepago se deberá tener en cuenta cuando haya que incluir la opción del pago con tarjeta bancaria contactless en un futuro cercano. En algunos casos, por seguridad, i.e. por protección de la caja portamonedas, las máquinas de precio justo no ofrecerán cambios. Este será el comportamiento por defecto, en caso de que se desee la devolución de cambios, se deberá solicitar añadir esa funcionalidad a la máquina, que controlará la cantidad de moneda disponible, calculará el importe a devolver, etc.

4.15.2 Use Cases of Management System for Vending Machines

Completar los siguientes diagramas incompletos de casos de uso de acuerdo con la descripción que aparece a continuación. En este caso, completar significa, si hace falta, "adornar" los casos de uso del diagrama con el estereotipo que corresponda y establecer las relaciones entre los casos de uso indicados.

El CU **Dispense** (*expender producto*), tras comprobar que el producto seleccionado está a disposición, lo expende, de una manera diferente, con un CU diferente, dependiendo del mecanismo elegido, es decir, con vasito (CU **Dispense with cup** (*expender con un vasito*), con raíles verticales (CU **Dispense through vertical rails** (*expender con raíles verticales*)), con raíles horizontales (CU *Dispense through horizontal rails (expender con raíles horizontales)*). Concretamente, el CU *Dispense with cup* comprueba si hay taza alternativa proporcionada por el usuario (en caso de que la máquina tenga instalada la opción del *OwnCup*) con el CU *Check if mug (comprobar si hay taza)*; y si no la hay, activa el mecanismo para extraer un vasito, con el CU *Extract the cup*, y finalmente, lo rellena, con el CU *Elaborate & pour.*

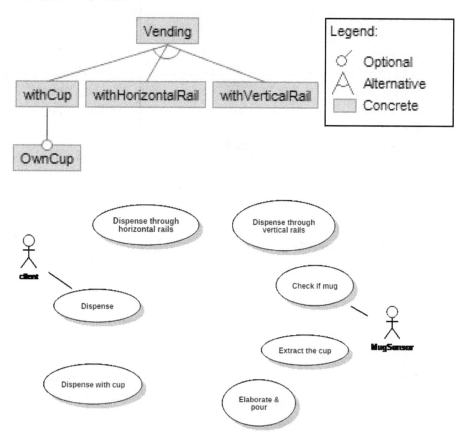

El CU *Show info (mostrar información)*, obtiene el código introducido por el cliente, de una manera diferente, con un CU diferente, dependiendo del tipo de teclado elegido, es decir, con lista de opciones (CU *Read code through choice list*), o teclado alfanumérico (CU *Read code through keypad*). Posteriormente, con el código introducido se obtiene el coste del producto (con el CU **Get cost**), e información sobre aspectos nutricionales (con el CU **Get nutritional info**) en caso de que la máquina tenga instalada la opción *NutritionalInfo*, y a continuación se muestran en el *display* (respectivamente con el CU **Show cost** y el CU **Show nutritional info** (en este último caso siempre y cuando se disponga de dicha información nutricional)).

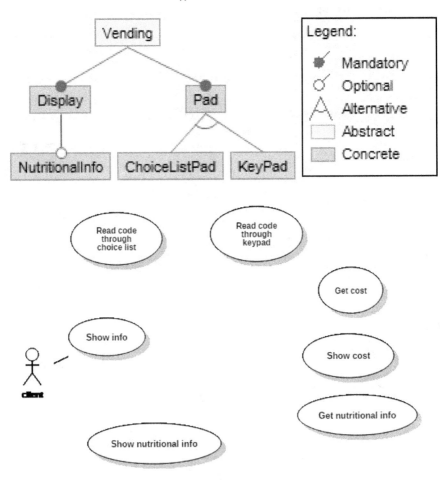

El pago del producto mediante tarjeta se realiza a través del CU **Pay with Card** *(pago con tarjeta)*. Primero de todo se valida la tarjeta (CU **Validate Card**), funcionalidad que en caso de que la máquina ofrezca el pago con tarjeta bancaria (opción *BankCard*) se completará con la validación a través del banco (CU **Validate Bank Card**). Después se realizará la transacción del pago (restando la cantidad adecuada del saldo de la tarjeta) con el CU **Commit Transaction**, que tendrá que completarse con la transacción bancaria (CU **Commit Bank Transaction**) en caso de la tarjeta bancaria. Finalmente, en caso de que la máquina pueda mostrar información adicional en el *display*, se mostrará el mensaje proporcionado por la entidad bancaria de la tarjeta (CU **Show Bank Message**).

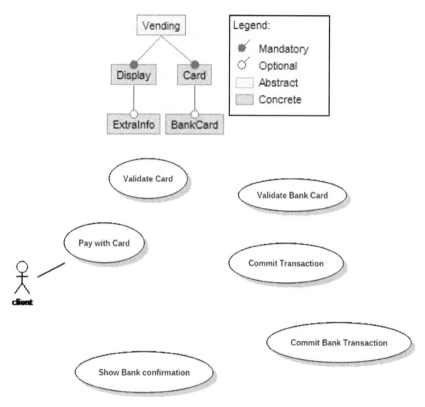

4.15.3 Class Diagram of Management System for Vending Machines

Completar el siguiente diagrama incompleto de clases de acuerdo con la descripción que aparece a continuación. En este caso, completar significa, si hace falta, añadir nuevas clases con sus atributos, "adornar" las clases con los estereotipos y añadir posibles asociaciones necesarias para los puntos de variación indicados.

La máquina expendedora necesita de gestores para los sensores de las partes mecánicas, i.e. sensores para detectar una taza externa, para la pinza (*clamp*) que sujeta el vasito, para el separador giratorio (*rotary separator*) en los raíles horizontales, para la palanca (*stick*) en los raíles verticales. Cuando la máquina tiene vasitos (de café, zumo, etc.) también se necesita un gestor para controlarlos (si disponible, dejar caer uno, etc.). Por otra parte, el gestor de pagos guardará un log con la información mostrada en el *display* cada día, que se completará con la información nutricional cuando se haya incluido dicha opción. <u>Nota</u>: a continuación solamente se presenta un extracto del diagrama de clases que se necesitaría en el sistema, por lo que es posible que no todas ellas estén conectadas entre sí y haya algunas otras conectadas a éstas pero no mostradas.

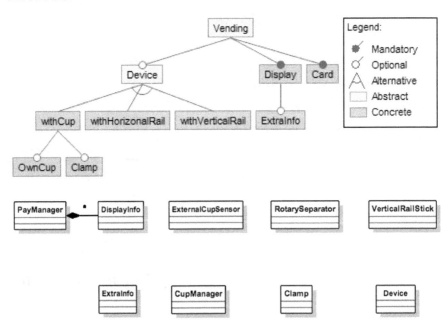

www.ingramcontent.com/pod-product-compliance
Lightning Source LLC
Chambersburg PA
CBHW071116050326

40690CB00008B/1243